地域探究の視角

清水基金プロジェクト 最終報告論集

鹿児島国際大学附置地域総合研究所 編

ラグーナ出版

発刊にあたって

　本書は、鹿児島国際大学附置地域総合研究所「清水基金プロジェクト研究」（プロジェクト研究）の成果の一部をまとめたものである。

　そもそも清水基金プロジェクトは、鹿児島国際大学福祉社会学部高橋信行教授の恩師、清水盛光氏（故人）に由来する寄附金を用いて行われた事業である。盛光氏から受け継がれた財産を、ご長男の清水韶光氏（故人）が本学にご遺贈くださったというのが経緯である。基金は、プロジェクト研究のほかに、鹿児島国際大学大学院福祉社会学研究科のプロジェクト研究や大学院生の研究支援にも活用された（詳しくは190-193ページ）。しかし、その中心的な事業はプロジェクト研究と言ってよいだろう。

　清水基金プロジェクト研究の推進のベースとして鹿児島国際大学附置地域総合研究所（地総研）が関わることになったが、それは、研究所の理念や研究スタイルと清水基金プロジェクト研究が目指すそれらに、共通するところが多かったからである。

　地総研の関係者としてこの文章を書く機会をいただいたので、地総研の紹介を少しさせていただく。地総研は鹿児島国際大学唯一の独立した研究機関で、その歴史は半世紀を超えている。地総研の前身となる「鹿児島経済大学附属地域経済研究所」は1968年1月に発足した。1986年には「鹿児島経済大学附属地域総合研究所」に改称し、その後大学の名称変更を経て、さらに2003年には「鹿児島国際大学附置地域総合研究所」となった。名称の変遷とともに、研究体制や研究対象とする分野や地域も変化してきた。

　2003年以降の「共同研究プロジェクト」は所長を中心に、総合研究テーマを定め、それにふさわしい研究者を学内外から募って、総合テーマに関連する個別研究テーマを設定し、2年のサイクルで研究を進めるという方式になり現在に至っている。ちなみに2022〜23年度の「共同研究プロジェクト」では、「経済・文化からみた酒と鹿児島」という総合テーマのもと、計6名の研究者が研究を進めている。また、行政や地域の団体・企業からの委託を受けて研究を進める「地域委託研究・事業」、学外からの寄付により研究を進める「寄付研究」にも取り組んでいる。

　再びプロジェクト研究に話を戻したい。2017年から開始されたプロジェクト

研究は、清水盛光氏の業績に関連する分野を中心として、広がりをもったテーマが掲げられ、研究募集が行われて研究が進められるという形が採られた。2017〜18年度の第1期は、5名の研究者と1団体が研究を進めた。2019〜20年度には第2期の研究プロジェクトが実施され、8名の研究者と1団体が研究を進めた。さらに2021年度からは第3期の研究プロジェクトが、9名の研究者によって実施された（詳しくは186-189ページ）。

　2017年度以降継続して進められてきた研究によって、多くの成果が生み出されている。それらはプロジェクト期間中に実施された研究成果報告会やシンポジウムで発表されたり、地総研機関紙『地域総合研究』や、研究に加わった研究者が関係する学会誌などに投稿されたりしてきた。そのような成果発表の場の一つが本書であり、6名が執筆している。竹安栄子氏の「地域社会の持続的発展に向けて−女性のためのリカレント教育の意義と課題−」は、ジェンダーの視点から人口減少の問題に論を起こし、京都女子大学等でのリカレント教育の実践事例の分析をとおして、ジェンダー平等推進の重要性、女性のためのリカレント教育の有効性を述べている。馬頭忠治氏の「地域の学習環境と図書館活動−制度社会から地域づくりの住民自治へ−」では、筆者の理想とする学びのありようを、地域調査に基づき、地域の学習環境と図書館についての考察を通して追究している。武田篤志氏の「南大隅町佐多地区の御崎祭りにみる場所の神性−場所の未来ビジョンを考える契機としての祭り−」はフィールドワークの成果に基づき、場所文化とホスピタリティの可能性について考察を進めている。高橋信行氏の「コミュニティ概念と地域福祉」では、地域福祉を展開するうえで、基本的かつ鍵となる「コミュニティ」という概念について、清水理論を含むこれまでの議論を踏まえつつ、今後の論点にも言及している。森勝彦氏の「中華圏の地域アイデンティティと港の記憶−香港と高雄を事例として−」では香港と高雄の港湾が担う地域のアイデンティティを共通性、相違性、関連性の枠組みから比較している。松尾弘徳氏の「鹿児島県奄美群島における地域共通語に関する研究−義務的モダリティ形式マイを中心に−」では義務的モダリティ形式の“マイ”を取り上げ、伝統方言と共通語との言語接触をとおして文法項目がどのように生成されるのかなど「中間言語」としての地域共通語について論じている。

　このように、収められた論考が対象とする領域は多岐にわたっているが、本

研究プロジェクトで設定された研究テーマは、清水盛光博士の研究分野や博士自身の学説に関することであるから、清水盛光博士の研究分野が如何に広かったかが知られよう。

　コロナ禍の影響を受け、当初の計画よりもプロジェクト期間を1年延長しながらも、こうして出版の日を迎えることができたことは喜ばしい限りであり、プロジェクト研究を支えてくださったすべての方々に御礼申し上げたい。本書をきっかけに、清水盛光博士の研究が顕彰されるとともに、所収の論考が関係諸分野に学術的に貢献できることを願ってやまない。

2024年2月29日
鹿児島国際大学附置地域総合研究所
所長　大西智和

■地域探究の視角　清水基金プロジェクト最終報告論集　　目次

発刊にあたって（大西智和）—————————————— 3

清水基金プロジェクト　最終報告論集

竹安栄子
地域社会の持続的発展に向けて ————————— 10
－女性のためのリカレント教育の意義と課題－

馬頭忠治
地域の学習環境と図書館活動———————————— 44
－制度社会から地域づくりの住民自治へ－

武田篤志
南大隅町佐多地区の御崎祭りにみる場所の神性———— 81
－場所の未来ビジョンを考える契機としての祭り－

高橋信行
コミュニティ概念と地域福祉———————————— 107

森　勝彦
中華圏の地域アイデンティティと港の記憶————— 127
－香港と高雄を事例として－

松尾弘徳

　鹿児島県奄美群島における地域共通語に関する研究————— 160
　　−義務的モダリティ形式マイを中心に−

清水基金プロジェクト　資料編

清水盛光先生・清水韶光先生について———————————— 182

清水基金プロジェクトについて———————————————— 186

　編集を終えて（高橋信行）————————————————— 195

　執筆者一覧 ———————————————————————— 197

地域探究の視角

清水基金プロジェクト 最終報告論集

地域社会の持続的発展に向けて
－女性のためのリカレント教育の意義と課題－

竹安 栄子

1．はじめに

　進行する人口減少と高齢化によって存続が危うくなった地域社会が年々増加している。2019年の総務省の調査によると、全国の過疎地域のうち、4年前と比べて集落数は0.6％（349集落）減少し、集落人口は6.9％（72万5,590人）減少した。また集落の高齢者割合が50％以上の集落も、4年前の22.1％から32.2％に10ポイント増加した（総務省 2020：129-130）。高齢化の進行は集落機能の維持を困難にし、地域の文化や伝統の継承を危うくする。さらに集落の消滅は、これまで集落によって維持・管理されてきた山林や耕地の荒廃を招き、自然環境の悪化を惹き起こすのである。

　人口減少は、過疎地域に限らず今や全国すべての地域が直面する日本社会の最大の課題である。本稿では、ジェンダーの視点から人口減少の問題を考察し、ジェンダー平等の推進が人口減少社会を生き抜く解決策となること、そしてその実現にとって「女性のためのリカレント教育」が有効な方策の一つであることを、京都女子大学におけるリカレント教育の実践を事例として取り上げその意義と課題を考察する。

２．人口減少とジェンダー平等

2-1．加速化する人口減少〜「人口爆縮」[1]時代の到来〜

　国立社会保障・人口問題研究所の将来推計人口によると、日本の総人口は2056年に１億人を割ると推計されている。それによると人口が減少局面に転じた2011年からわずか45年間で人口の２割以上が減少する。特に労働の担い手となる生産年齢人口の減少は深刻である。2020年に7,509万人だった15〜64歳人口は、2040年に6,213万人まで減少し、それ以降の10年間は年平均で約86万人ずつ減少する（内閣府 2022：2）。2030年までの減少ペースは年平均43万人であるので、その倍の「爆発的スピード」で生産年齢人口が縮小するのである（金子2017）。

　生産年齢人口の減少の最大の問題は、労働供給が急速に減少することにある。すでに飲食業やホテルなどの観光関連産業、建設業や運輸業などの分野で深刻な人手不足に陥り、必要な人材を確保できずに経営が行き詰まった「人手不足倒産」が過去最多のペースで推移している（帝国データバンク：2023年260件〔前年140件、85.7％増〕発生。年間で初の200件台となり、過去最多を更新した）。

　また、生産力が同じであると仮定すると生産年齢人口の減少は日本の総生産力（GDP）の低下に直結する。それでなくても日本の労働者一人当たりの生産性は先進国でも最低レベルである（OECD 2023）。労働力調査によると、2023年７月の就業者数は6,772万人、前年同月に比べて17万人増加し、コロナ前の2019年の6,750万人を上回っている[2]。にもかかわらず人手不足が強まっているのは、25歳〜44歳の男性就業者が大きく減少したことが原因である。

　人口減少が社会にもたらす問題は生産力の低下に留まらない。ここで改めて論じるまでもなく、人口減少に伴う課題について様々な論者によって近未来の予測も含めて議論が展開されているが、地域社会の担い手の減少によって地域福祉の運営や地域社会の自治活動の維持が困難になるなど、すでにその影響が

1　「人口爆縮」とは人口減少のスピードが加速し、急激に人口が減少する状況を称した造語。
2　総務省統計局「労働力調査（基本集計）」2023年（令和５年）７月分（2023年８月29日公表）。

各地で顕在化している。地方議会選挙への立候補者が不足して議会定数に欠員が生じる自治体も出てきている。また、地域防災活動も担い手の高齢化により、災害時に実際に機能するかどうか危ぶまれる地域が都市部でも発生している[3]。

2-2. 止まらない少子化

　1989年、合計特殊出生率が過去最低であった1966年の数値を下回る1.57を記録した（いわゆる「1.57ショック」）。これをきっかけに政府は、出生率の低下と人口減少傾向を深刻な政治課題と認識し、1994年に打開策としてエンゼルプランを開始した。その後1999年の新エンゼルプラン、そして2003年には少子化社会対策基本法を制定し、保育行政や育休制度の充実など保育・教育さらに雇用分野での女性就業の支援に取り組んだ。その後、一時的に合計特殊出生率の回復傾向が見られたものの、新生児の出生数は減少を続け、2022年にはついに80万人を割り込む事態になった。この状況を前にして政府は「異次元の少子化対策」として、「若い世帯の所得を増やす」「社会全体の構造と意識を変える」「全ての子育て世帯を切れ目なく支援する」を基本理念とする政策を打ち出した（首相官邸ホームページ）。

　少子高齢化という人口構造の変化は、日本だけでなく先進諸国全てに共通する現象である。1970年代から低下傾向になり、1980年代にはドイツとイタリアは人口の回復が困難となるといわれている合計特殊出生率1.5を下回った。日本も1995年以来今日まで1.5を下回り続けているが、ドイツは2016年から1.5以上に回復した。フランスやイギリスも1990年代以降合計特殊出生率を上昇させている[4]。これらの国々と日本はどこが違うのだろうか。制度の不備なのか、あるいは税投入が不足しているのだろうか。メアリー・C・ブリントンは、日本、アメリカ、スウェーデンの比較研究から、日本の少子化対策は制度的にも財政の面からも必ずしも他国に劣っているとはいえないにもかかわらず、それらの施策が必ずしも効果的に機能していない理由は、日本社会に根強く残る「家族本

3　例えば京都市東山区においても、地域防災のリーダー（自主防災部長）の55%が65歳以上である（奥井 2019：22）。

4　OECD諸国の2020年合計特殊出生率は次の通りである。フランス1.8、アイルランド1.7、デンマーク1.7、スウェーデン1.7、ニュージーランド1.6、オーストラリア1.6、イギリス1.6、ドイツ1.5、日本1.3、イタリア1.3（OECD 2023,「主要統計　出生率」）。

質主義」と「ジェンダー本質主義」にあると指摘する（ブリントン 2022：97-137）。内閣府経済社会総合研究所の林伴子・新村太郎も、先進諸国ではジェンダーギャップ指数と合計特殊出生率との間、とりわけ経済領域のジェンダーギャップ指数との間に正の相関関係が見られることをマクロ経済学の立場から検証している（林・新村 2022：7）。

2-3．ジェンダー平等と経済成長

　図1に示すように、林伴子・新村太郎は、生産性と資本が一定と仮定した場合、労働力の減少に伴う就業数の減少により、2040年には実質GDPは約52兆円減少し、480兆円を下回ると試算している。しかし生産性と資本が一定で、かつ2040年にかけて女性の労働力人口比率が男性の労働力比率まで上昇すると仮定した場合、2040年時点で実質GDPは520兆円程度、すなわち約17兆円の減少に抑えることができる、と試算する（林・新村 2022：17）。

　さらに林・新村は、女性は男性に比べて、低スキル・中スキルの定型業務に従事する割合が高く、既に進行しているデジタル化や人工知能（AI）の発展に伴い、職を失うことになる可能性が高いことを指摘し、これに対応するためには「女性活躍・男女共同参画の重点方針2023（女性版骨太の方針2023）」で提起

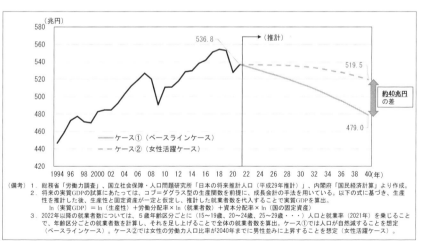

図1　将来の実質GDPの試算
出典：林伴子・新村太郎（2022）「女性活躍とマクロ経済（第3回『女性と経済』に関する勉強会）」
https://www.kantei.go.jp/jp/content/000116413.pdf（2023年9月15日確認）

されているように、大学におけるリカレント教育の推進が重要であると述べる（林・新村 2022：26）。

　すなわち、内閣府男女共同参画局が2023年度に作成した「女性版骨太の方針2023」において、政府も「イノベーションの創出と事業変革の促進を通じて企業の持続的な成長、ひいては日本経済の発展に資する」（内閣府 2023：2）との視点に立って、プライム市場上場企業を対象とした女性役員比率に係る数値目標の設定等、実現に向けた支援策を省庁横断的に提起している。たとえば経済産業省では「女性リーダー研修の更なる充実」、厚生労働省では雇用保険の教育訓練給付を活用し非正規雇用労働者の正規化に向けた「リスキリングによる能力向上支援」などの支援策である（内閣府 2023：3, 10）。

　以上のように労働供給の逼迫は目前に迫った現実である。この課題を克服するためには、外国人材の活用やイノベーションによる省力化の推進および労働の効率化、生産性の向上も重要な方策であるが、林・新村の試算に示されるように労働分野における男女間の格差解消がきわめて有効な方策であることは明らかである。そしてこれを実現するためには、現在すでに労働市場に参入している女性労働者ならびに労働市場に参入していない女性をリカレントによって再教育し、スキルアップやキャリア転換を図ることが重要である。

　次章では、日本におけるリカレント教育の変遷を概括し、女性のためのリカレント教育の意義を確認したい。

3．リカレント教育の変遷

3-1．リカレント教育の概念と課題

　「リカレント教育 recurrent education」の概念は、1969年の第6回ヨーロッパ文部大臣会議において、スウェーデンのパルメ（Palme, O.）文部大臣が使用したことを契機として、OECDの教育政策論議においても注目されるようになった（日本教育社会学会 1986：843）。その後OECDの教育研究革新センター（CERI）が『リカレント教育—生涯学習のための戦略』の中でリカレント教育の目的を、科学技術の発展がもたらした現代社会の複雑さに対応するために、これまで青少年期という個人の人生の初期にのみ集中していた教育を、個人の全生涯にわたって労働、余暇、その他の活動と交互に体系的な教育の機会とし

て提供すること、と定義した（CERI 1973：18）。

　ここで示されている「体系的な教育の機会」とは主として学校教育を意味している。この点において、ユネスコが1965年に提唱した「生涯教育 lifelong education」とは異なっている。すなわち「生涯教育」は、学校教育だけでなく、家庭や地域社会で行われている教育の取り組みとの連携・協力が重要と捉えられている（ラングラン 1972）。

　その後ヨーロッパでは、特に北欧諸国を中心に経済成長を促すための人的資本の蓄積の観点から積極的にリカレント教育を取り入れた。CERIは、1970年に「教育の機会均等 Equal Educational Opportunity」、そして1971年に「代償教育政策 Strategies of Compensation」を公表した。その究極の目的は教育結果の平等の達成であり、その実現方法として「リカレント教育」を位置づけた（出相 2021：6-7）。

3-2. 日本の「リカレント教育」

　日本においては次項で述べるように経済政策としてのリカレント教育の位置づけが遅れたこともあり、長らく生涯学習のカテゴリーで捉えられる傾向があった。そのため、現在でも、「リカレント教育」の名称の下に社会人の多様な学びの形態が包含されている。

　日本におけるリカレント教育の現状を整理すると、大きく①リスキリング、②就業支援、③生涯学習の三つのカテゴリーに分けられる（リカレント教育の類型化についての考察は次を参照。竹安 2020：92-93）。①は主として現在就労している労働者を対象にイノベーションに対応するスキルを教育するリカレント教育である。これに対して②は求職中の労働者や研修を受ける機会に恵まれない非正規雇用者等を対象としている。③は必ずしも就労を前提としていない教育であるため、本来はヨーロッパのリカレント教育の概念には合致していない。

　また日本のリカレント教育がヨーロッパのリカレント教育と大きく異なる点は、学校教育機関以外の民間や行政などで実施される教育も「リカレント教育」の概念に含まれる点である。先述のCERIのリカレント教育の定義に示されている「体系的な教育の機会」という理念が、日本のリカレント教育には欠如しているからであろう。経営団体からも労働者の自己研鑽・自己啓発の重要性は提

唱されているが、実際の取り組みは個別企業に委ねられているのが現状である（経済団体連合会 1999）。このため、リカレント教育内容の質保証のための制度が欠如している。その結果、リカレント教育に対する社会的評価が平準化されていない。すなわちリカレント教育の修了が企業による労働者の評価に反映される仕組みが確立していない。この点がリカレント教育の普及を妨げている要因の一つといえる。

3-3. 日本におけるリカレント教育施策

　ヨーロッパにおけるリカレント教育の進展の背景には、リカレント教育が、経済成長を促すための人的資本の蓄積という観点から政策的に位置づけられたという状況があった。では日本においてはどうであったのか、日本のリカレント教育施策の変遷を次に整理する。

　日本の教育政策においては、1981年度の中央教育審議会答申「生涯教育について」の中でリカレント教育の概念に触れられたのが最初であろう（岩槻 2019：9）。しかし具体性のある議論は、その10年後、1991年度の文部省（当時）生涯学習審議会の答申「今後の社会の動向に対応した生涯学習の振興方策について」の中で、「当面重点を置いて取り組むべき四つの課題」の一つとして「社会人を対象としたリカレント教育の推進」が提起されたのが初めてである（戸室 2009：24）。

　その後リカレント教育は生涯学習の範疇の一つと位置づけられ、経済成長との関わりで論じられることはなかったが、2006年安倍首相の下で策定された「再チャレンジ支援総合プラン」において初めて経済政策としてリカレント教育が捉えられた（文部科学省 2006）。2007年には正規の学位課程の学生を対象とする学位プログラムとは別に、一般の社会人等を対象とした一定のまとまりのある教育プログラム（履修証明プログラム）を開設し、その修了者に対して学校教育法に基づく履修証明書を交付する「履修証明制度」が設けられた。現在、大学におけるリカレント教育の多くがこの履修証明プログラムとして運営されている。「履修証明制度」創設に先立つ1998年にはリカレント教育を奨励する雇用政策として、一定の条件を満たす講座等を修了した場合に、大学等に支払った学費の一部が支給される「教育訓練給付制度」が創設された（合田 2023：13-14）。

　日本においてリカレント教育が明確に経済成長戦略に関連づけられるようになるのは2017年の安倍首相主導で組織された「人生100年時代構想会議」が「社会人の学びを普及・発展させるためには、産業界等の採用や雇用条件において、学び続けることを奨励」した「人づくり革命」以降である。2018年の『平成30年度　年次経済財政報告―「白書」：今、Society5.0の経済へ』では、「人生100年時代の人材育成」にとってリカレント教育が重要であるとの観点を示し、社会人のためのリカレント教育提供の役割を大学に求めている（内閣府 2018：178-187）。

　文部科学省では官邸を中心とした一連の動きに先立ち、すでに2015年には、教育再生実行会議第6次提言「『学び続ける』社会、全員参加型社会、地方創生を実現する教育の在り方について」の中で、大学・専修学校に、社会人等のニーズに応じた実践的・専門的な教育プログラムの提供の推進、教育行政と労働・福祉行政の連携強化、女性の活躍支援、そして教育が「エンジン」となった「地方創生」を提言している（文部科学省 2015）。さらにこれを受けて、2016年には大学等における社会人や企業等のニーズに応じた実践的・専門的なプログラムを「職業実践力育成プログラム（BP）」として文部科学大臣が認定する制度が設けられた（合田 2023：22-23）。

　だがリカレント教育の実質的普及が進むのは、経済成長戦略と密接に関連づけられて日本の経済再生のための重要な施策としてリカレント教育が前面に打ち出されてからである。日本の経済再生のための重要な施策として、2017年「人づくり革命」の中で「生涯にわたって学び直しができるリカレント教育、IT（情報通信）人材教育など実践的なニーズに応える大学などの高等教育改革の推進」が掲げられた（内閣府 2017）。2018年「人づくり革命 基本構想」ではリカレント教育に1章を割き、リカレント教育を「人づくり革命のみならず、生産性革命を推進する上でも鍵となる」と経済政策との関係を明確に位置づけたうえで、教育訓練給付の拡充やリカレント教育プログラム開発などへの助成を掲げた（内閣府 2018：10-13）。

　2019年以降、この基本方針に従って各省庁から様々なリカレント教育に関わる事業案が提起されるようになった。例えば2019年度の厚生労働省の「教育訓練プログラム開発事業（2年開発コース）」は、「キャリアアップやキャリアチェンジを目指す労働者のニーズに対応した教育訓練プログラムを開発するため、

（中略）最新かつ実践的な知識・技術の取得に資する教育訓練プログラムの開発・実証」を目的とするものであった。この事業が対象とする分野は、①IoTを活用した分野、②ネットワーク技術を活用した分野、③ビッグデータを活用した分野、④ICTを活用した分野、⑤ロボットを活用した分野、⑥農林水産・食品、⑦製造、⑧サービス、⑨医療・福祉、⑩工学、⑪イノベーション人材育成、⑫その他、の12区分であった（厚生労働省 2019：19）。

3-4．女性のための学び直しリカレント教育の施策

　厚生労働省の上記の事業から理解されるように、「人づくり革命」以降、経済成長戦略として政策的に推進されたリカレント教育は、各省庁において急激に進展する技術革命の担い手育成に焦点が当てられ、女性のためのリカレント教育は独立の範疇としては捉えられていない。そのような状況の中で、女性に特化したリカレント教育に取り組んだのが文部科学省総合教育政策局男女共同参画共生社会学習・安全課（以下、文部科学省男女共同参画課と記す）である。

　文部科学省男女共同参画課は2020年度に「女性の多様なチャレンジに寄り添う学びと社会参画支援事業」を開始し、2023年度まで継続して事業に取り組んでいる。後述するように、京都女子大学では本事業に2020年度から応募し、2023年度まで継続して採択されてきた。事業の詳細は後段に譲るが、文科省が取り組む女性を対象としたリカレント教育以外の他省庁のリカレント教育への取り組みは、現在就労している労働者のスキルアップ、スキルチェンジに主眼が置かれ、育児等のライフイベントによってキャリアを中断した女性や、キャリア中断の後に非正規雇用者として再就職しジョブトレーニングの機会に恵まれなかった女性は対象としていない。

3-5．地方自治体における女性のためのリカレント教育〜京都府・京都市を事例として〜

　以上、各省庁におけるリカレント教育施策を概観したが、次に地方自治体のリカレント教育、中でも女性のためのリカレント教育への取り組み事例として京都府・京都市を取り上げ、自治体の果たす役割について考察したい。

①京都府の事例

　京都府は市民の就業支援と地域の企業支援を目的として、2003年度から設置

されていた京都府若年者就業支援センター（ジョブカフェ京都）を拡大して、「ハローワークと緊密に連携して、相談から就職、職場への定着まで、ワンストップで支援する総合就業支援拠点（京都ジョブパーク）」を2007年4月に設置し、全国に先駆けて労働団体、経営者団体と連携して取り組む体制を構築した。さらに2010年8月に女性の就労支援に特化した「マザーズジョブカフェ」を開設し、キャリアカウンセリングや職業相談・紹介などに加えてパソコンの基礎講習や各種講座の開設などを実施している（京都ジョブパーク総合就業支援拠点ホームページ）。

　大学と連携して女性に焦点を絞った体系的教育課程の構築に事業として取り組んだのは2018年度の男女共同参画課事業「大学連携京都府リカレントプログラム」が最初である。本事業は、出産・育児などのライフイベントでキャリアを中断した女性のための学び直しや再就職支援を行うことを目的として、京都府は基礎講座を担当、本事業に連携する大学が発展講座を実施、そしてキャリアカウンセリングやマッチング等の就業支援を受託事業者が担うという産学官連携で実施された。この発展講座の受託が、女性のためのリカレント教育課程に京都女子大学が取り組むきっかけであった。

　さらに2021年8月には西脇隆俊知事の主導の下で「生涯現役クリエイティブセンター」が開設された。本センターも京都ジョブパーク同様、京都府と労働団体、経営者団体との連携に加え大学とも緊密に連携して、キャリアアップやキャリアチェンジ、さらに地域・社会での活躍を目指す府内在職者を支援することを目的に、相談・キャリア支援機能、人材マッチング機能と並んでリカレント教育機能を主要機能としている。主に中小企業の若手従業員から中間リーダー層、さらにシニア世代や経営者層、そして女性の支援を目的として多種多様なリカレント教育課程を展開している。講座数も2021年の開設当初は12講座であったが、2022年は15講座、2023年には30講座と拡大し、大学の学術知識と産業界の実践的知識を組み合わせた充実したプログラムが構築されている[5]。応

5　生涯現役クリエイティブセンターの運営には、次の補助金・交付金が用いられている。①厚生労働省「地域活性化雇用創造プロジェクト」7,400千円（補助率9/10）、②内閣府「地域創生交付金」2,600千円（補助率1/2）、③文部科学省「リカレント教育プラットフォーム構築支援事業（委託）」2,600千円、④京都府5,000千円（生涯現役クリエイティブセンター提供）。

募者数も2021年の前期は研修定員60人を下回る48人であったが、後期には92人（定員75人）と定員の1.2倍に達し、その後2022年は通年の定員165人に対して270人の応募、2023年は909人（通年定員464人）の応募と年々増加している。この背景には、講座の充実も要因の一つであるが、労働団体や経営者団体など各種関係団体と連携して推進していることも預かって大きいと考えられる。

　京都府の取り組みは、リカレント教育の推進には教育課程の運営を外部事業者に委託するのではなく、行政が中核となって関係諸団体のプラットフォームを構築することが重要であることを検証する事例となっているといえよう。さらに講座を提供する大学にとっても行政との連携の意義は大きい。広報から募集、受講生の管理などの運営業務で京都府の支援を受けることにより大学の負担が大きく軽減され、大学がリカレント教育に参入することを容易にする効果が期待される。

②京都市の事例

　京都市のリカレント教育は公益財団法人大学コンソーシアム京都（以下、コンソーシアム京都と記す）が主な役割を担っている。コンソーシアム京都は、1994年に全国初の大学連携組織として設立された「京都・大学センター」に起源を有し、30年間にわたって京都地域46大学・短期大学の大学間連携と相互協力を図り、地域社会、行政および産業界との連携を促進し、地域の発展と活性化に努めてきている（大学コンソーシアム京都ホームページ）。高度化・多様化する社会人の学習ニーズに応えることを目的として、1997年に京都市の協働事業として「シティーカレッジ」を開始、2007年度からは「京カレッジ」として開講し、2022年度には大学講義9分野、市民教養講座3分野、さらに「リカレント教育プログラム」の2科目総計179科目を開講した。

　コンソーシアム京都のリカレント教育への取り組みは、中期計画「第5ステージプラン」（2019〜2023年度）の中で「柱1　大学間連携による学びの提供と充実」において生涯学習事業の中に「リカレント教育の実践促進」を掲げたのが最初である（大学コンソーシアム京都 2023：1）。これまで取り組んできた「京カレッジ」に加えて、加盟校による職業人・社会人の継続的な学びにおける大学教育の役割について検討し、京都地域でのリカレント教育の促進に向けた新たな取り組みを展開することを目的としている。2019年にはリカレント教育企画検討委員会を設置し、その検討の参考に供するためコンソーシアム京都が毎

年実施している委託事業の指定調査課題に「京都のリカレント教育のあり方と、加盟校及び財団における取組の推進について」を取り上げた。同調査は京都女子大学が受託した。地域課題解決に資するリカレント教育推進に果たすコンソーシアム京都の役割を検討するための基礎調査を実施し[6]、コンソーシアム京都がリカレント教育に取り組むにあたっての役割と方向性および開発が望まれる教育プログラム、さらにリカレント教育の運営に関する提言を行った（大学コンソーシアム京都 2020：5-128）。

　2021年に、リカレント教育を実施しているコンソーシアム京都加盟大学の教育プログラムの内容や成果を紹介し大学におけるリカレント教育の周知に役立てる目的で、6大学が参加した「大学リカレント教育リレー講座（全6回）」を開設した。2022、2023年には「働く人のためのデータサイエンス講座（3日間）」や「現代教養講座　宇宙移住の現代・未来について（全8回）」など連続講座を開設している。さらに現在検討中の第6ステージプラン（2024～2028年度）案では、「地域振興・大学間連携の核となるプラットフォーム」の実現に向けて産官学民連携によるリカレント教育の推進を事業目標に掲げている（大学コンソーシアム京都 2023）。

　京都府、京都市は東京都に次ぐ大学集積地であるため、大学を実施主体とする多様なリカレント教育の展開が可能になったという側面があるのは事実である。しかし京都府、京都市の事例は行政の働きかけがリカレント教育課程の構築に有効であることを実証しているといえよう。

4．大学における女性のためのリカレント教育

4-1．全国の大学における女性のためのリカレント教育

　「女性のためのリカレント教育」の先駆けは日本女子大学によってはじめられた。日本女子大学では女性のためのリカレント教育に2007年度より取り組んでいる。現在、様々な大学が女性を対象とした「リカレント教育」を実施してい

6　実施した基礎調査は、①女性のためのリカレント教育への意向調査、②栄養士・管理栄養士資格保持者のためのリカレント教育への意向調査、③企業経営者調査、④製造業従事者調査、⑤伝統産業・伝統工芸従事者調査である（大学コンソーシアム京都 2020）。

るが、本節では「女性のためのリカレント教育推進協議会」[7]加盟校のうちの7大学を対象として開設年順に現況を概観したい。

　日本女子大学の女性のためのリカレント教育課程は、大学を卒業したにも関わらず、結婚、出産などにより女性が離職せざるを得ない状況において、優秀な女性たちを再教育し、再就職を支援する目的で設置された。2000年初頭の30歳代、40歳代は大学教育や初職時の業務においてもコンピューターを使った経験がない女性たちであった。まさにICTイノベーションの狭間に落ち込んだ世代であるため、再就職がなかなかかなわないという状況があった。そこで日本女子大学は2007年に文部科学省の「社会人の学び直しニーズ対応教育推進事業委託（3年間）」を受託し、大卒女性を対象としたリカレント教育課程を開設した。本課程は、日本女子大学の創立者である成瀬仁蔵の教育理念「生涯にわたる学びと貢献」という大学創設の理念に立脚している点において後述する京都女子大学や福岡女子大学と共通する特徴を有している。同事業を受託した他の大学が経営的に採算が取れない等の理由で委託期間終了後撤退した。しかし日本女子大学は今日まで継続してきたという点も、女性の生き方に真剣に向き合ってきた女子大学として共通する点といえよう。

　西日本においては関西学院大学大学院経営戦略研究科が2008年に文部科学省の委託事業「社会人学び直しプログラム」として、女性の再就職や起業を支援する「ハッピーキャリアプログラム　女性の仕事復帰・起業コース」を開設した。さらに2014年に文部科学省「高度人材養成のための社会人学び直し大学院プログラム（3年間）」を受託し、2015年2月からは女性管理職（候補者）や起業家を対象に「女性役員・管理職の増加」を目的とする「ハッピーキャリアプログラム　女性リーダー育成コース」を梅田のサテライトキャンパスにおいて夜間開講の形態で開設した（関西学院大学 2016：1）。いずれのプログラムも受託事業終了後、研究科の独自事業として現在も継続運営されている。

7　2019年11月に日本女子大学の呼びかけで、女性のためのリカレント教育課程を開設している6大学（日本女子大学、福岡女子大学、関西学院大学、明治大学、京都女子大学、京都光華女子大学）で結成された。その後、2020年に山梨大学、2023年に椙山女学園大学が加盟した。目的は、女性のための「リカレント教育」の社会的認知はまだ不十分であり、様々な課題を抱えているため、これら課題の共有とその解決に向けて、運営大学が相互に連携して取り組むことにある（女性のためのリカレント教育推進協議会 ホームページ）。

　2014年には福岡女子大学も関西学院大学と同じ文部科学省「高度人材養成のための社会人学び直し大学院プログラム（3年間）」を受託し、「イノベーション創出力をもった女性リーダー育成プログラム」を公立大学としては初めて開設した。福岡女子大学は、1985年に女性の生涯学習の地域拠点として「女性生涯教育資料室」を設立し、2011年には女性生涯学習研究、産学官地域連携、地域交流部門の3部門から構成された「地域連携センター」を設立、さらに2013年には文部科学省科学技術人材育成費補助事業「女性研究者研究活動支援事業」に採択され、女性研究者支援室を設置するなど、女性の生涯学習に取り組む体制の整備を進めていた。このような過程を経て2014年に「女性キャリア支援センター」を新たに設立し、リーダーに必要とされる能力獲得の機会を女性に提供することを目的としたリカレント教育プログラムを開設した。福岡女子大学は、女性のためのリカレント教育に取り組む理由を、1923年の開校以来一貫して「次代の女性リーダー育成」を建学の精神に掲げ、女子高等教育の牽引役を担ってきたことにあるとしている（福岡女子大学 2014：2）。

　2015年には明治大学が「女性のためのスマートキャリアプログラム」を設置する。本プログラムは、半年間の短期集中プログラムであり（日本女子大学は修了期間1年）、昼間コースに加えて平日夜間・土曜日コースが開講されているため働きながらでも受講が可能な点を特徴としている。

　2018年には、京都女子大学が京都府大学連携事業「女性のためのリカレント教育」の発展講座としてリカレント教育課程を開設した。なお翌2019年には同じ京都府大学連携事業を受託した京都光華女子大学が女性のためのリカレント教育課程を設置した。

　国立大学としては唯一、山梨大学が女性のためのリカレント教育に取り組んでいる。2021年に「インターンシップ型ステップアッププログラム」を開設し、2022年には文部科学省「女性の多様なチャレンジに寄り添う学びと社会参画支援事業」の採択を受けて半年間の「ウーマンコミュニティプログラム」を開設した。2023年は「女性のための復職とステップアップセミナー」を開設している。

　これら7大学のカリキュラムを分析して、小椋は汎用的ビジネス系とマネジメント系の二つの範疇に分類している。また履修期間は1年間と半年間の2種類となっている。初期に開設された日本女子大学と関西学院大学（ハッピーキャ

リアプログラム女性リーダー育成コース）は履修期間が１年間であるが、その後開講されたリカレント教育課程は全て半年間となっている。またカリキュラムも、マネジメント系の講座が増加する傾向がみられる（小椋 2023:109-110）。この理由としては、初期の女性のためのリカレント教育課程が、キャリアを中断した専業主婦を主な対象としていたのに対して、その後は非正規雇用や一般職の女性のキャリアアップ・キャリアチェンジを支援する目的に変化してきたことの反映であると考えられる。

　以上から、日本においてリカレント教育をはじめて経済政策の一環と位置づけた2006年「再チャレンジ支援総合プラン」に関連する政府の施策が、女性のためのリカレント教育課程の開設の契機となっていることが分かる。ただこの時にリカレント教育に手を上げた多くの大学が経営的に継続は困難との判断で撤退した。その中で、日本女子大学と関西学院大学の２校が新たな試みを工夫しながら今日に至っている。

　そして2017年の「人づくり革命」以降の施策によって女性のためのリカレント教育課程を開設する大学が徐々にではあるが広がりを見せることになった。

4-2．京都女子大学のリカレント教育のあゆみ

　京都女子大学がリカレント教育課程を開設した2018年10月以降６年間で300名近く（2024年３月現在、京都府主催コースを除く）の女性たちが受講してきた。開設以来の経緯を以下に整理し、女性のためのリカレント教育課程の開設の促進要因と運営継続の課題を検討したい。

　前述のように、京都女子大学でリカレント教育課程を開設するに至ったのは、京都府からの働きかけがきっかけとなっている。2017年秋に京都府より2018年度に実施する「大学連携事業」の説明を受けた。当時、大学としてリカレント教育の重要性の認識はあったが、事業を実施する具体的計画は全くなかった。しかし、林忠行学長（当時）の「女性のためのリカレント教育並びに就業支援は女子大学の使命である」との認識に基づき、急遽次年度の事業としてリカレント教育を試行的に実施することとした。以下、年度ごとにリカレント教育の実施状況を、第１期（草創期）、第２期（展開期）、第３期（確立期）に区分して概説する（各年度のコースの概要は表１を参照されたい）。

表1 京都女子大学リカレント教育課程一覧（2018～2023年度）

年度	コース名	受託先・受講料	受講者数	履修時間数	授業形態
2018	平日通学コース	京都府・有料	20名	120時間以上	対面
2019	平日通学コース	有料	19名	120時間以上	対面
2020	平日通学コース	有料	16名	120時間以上	対面中心、一部オンデマンド
	eラーニングコース	厚生労働省・無料	22名	60時間以上	土曜通学とオンデマンド
2021	平日通学コース	有料	7名	120時間以上	対面中心、一部オンデマンド
	再就職支援コース	文部科学省・無料	12名	60時間以上	土曜通学とオンデマンド
	ブラッシュアップコース	文部科学省・無料	28名	60時間以上	土曜通学とオンデマンド
	キャリアアップコース	文部科学省・無料	15名	60時間以上	土曜通学とオンデマンド
2022	平日通学コース	有料	15名	120時間以上	対面中心、一部オンデマンド
	女性リーダー・管理職育成コース	文部科学省・無料	27名	60時間以上	土曜通学とオンデマンド
	文系女子のためのDX入門プログラム	文部科学省・無料	39名	60時間以上	土曜通学とオンデマンド
	女性活躍応援コース	京都府・無料	15名	18時間	対面
2023	平日通学コース	有料	8名	120時間以上	対面中心、一部オンデマンド
	女性リーダー・管理職育成コース	有料	18名	60時間以上	土曜通学とオンデマンド
	マネジメント入門コース	文部科学省・無料	35名	60時間以上	土曜通学とオンデマンド
	DXコース（前期・共学）	京都府・有料	15名	18時間	対面
	DXコース（後期・共学）	京都府・有料	15名	18時間	対面

注：2022年度と2023年度の京都府事業は、京都府生涯現役クリエイティブセンター講座として開設。

①第1期（草創期）：2018～2019年度

　2018年度後期に京都府の大学連携事業として、リカレント教育に急遽取り組むことになった。幸い京都府事業の受託という財政的裏付けと、林学長（当時）の「リカレント教育は女子大学の使命」との方針に支えられて、学内の合意形成は大きな問題なく進めることができた。

　本事業は、京都府が基礎講座を担当し、発展講座（120時間履修証明プログラム）を担当する京都女子大学、そしてキャリアカウンセリングを担当する事業者(オムロンエキスパートリンク)の産学官連携が実施主体となっている。2018

年度の基礎講座は8月に開講され、発展講座は10月からスタートした。京都女子大学では地域連携研究センターが担当部署となって発展講座を運営した。これまで地域連携研究センターで培ってきた自治体や企業との連携関係がリカレント教育課程の講座の構築に大いに役立った。

　本事業の受託で本学にとってもっとも有益であったのは京都府による保育支援であった。本講座の主要な対象を「育児でキャリア中断した女性」に据えていたので保育サービスの提供は必須要件である。本学が保育専用施設を提供し、京都府から保育士派遣の支援を受けた。この結果、2018年度は20名の受講生中8名（40％）が保育サービスを利用した。「初めての親子分離が最初は少し不安だったが、受講中に経験でき、再就職を前向きに考えられるようになった」と、リカレント教育課程の受講が、知識やスキルを学ぶ場となるだけでなく、保育サービス利用経験や家族との家事の役割分担など社会復帰の準備期間としても有効に機能した。

　2019年度は、前年度採択校は京都府の大学連携事業の申請対象とならなかったため、京都府の支援なしでリカレント教育課程を開講した。京都府の保育サービス支援を受けることができなかったので、利用者には2万円/月の保育料負担を求め前年度と同様の学内保育体制を整えたが、利用者は2名に減少した。また大学も保育士の委託経費数百万円を負担した。

②第2期（展開期）：2020〜2021年度

　2020年度はコロナ禍に見舞われたが、平日通学コースに加えて、2019年度に受託した厚生労働省事業の実証年として準備を進めてきたeラーニングコースを開設した。本コース開設の着想は、2018年度のリカレント教育課程スタート時より問い合わせを受けていた非正規で働く女性からの受講希望にある。受講者向け説明会で、有給休暇を使って何とか履修できないかと真剣に相談する女性や、家族を説得してアルバイトを辞めてまで受講する女性など、2018年度開設当初には視野に入っていなかった非正規就労女性の「学びたい」との熱意に応えたい、というのがeラーニングコースを構想した理由である。受講生の職業をみると、eラーニングコースは22人の受講生のうち専業主婦は2名（9％）に過ぎず、総合職・一般職8名、非正規職8名とコース設置の目論見通りの結果となった。一方、平日コースの受講生はコロナ禍の影響を受けて16名と減少したが、在宅勤務の導入で総合職・営業職の女性2名が初めて受講するというコ

ロナ禍による新たな影響が現れた。

　eラーニングコースには、DXの進展により事務分野の業務形態が大きく転換しつつある状況を踏まえて、AIやRPA（Robotic Process Automation）の基礎を学ぶことのできる講座も組み込んだ。学ぶ意欲は有していても、職場での研修の機会が男性に比べて少ない、ないしはそもそも研修の対象にもならないという女性にも受講してもらえた。

　2021年度には平日通学コースに加えて文部科学省の事業受託により再就職支援コース、ブラッシュアップコース、キャリアアップコースの計4コースを開設した。平日通学コース以外の新たに開設した3コースは、前年度の経験を踏まえてオンラインと土曜日の通学を組み合わせ、60時間の履修プログラムとして構築した。これらのコースは、前年度のeラーニングコースの受講生が語った企業組織において女性が直面している課題に応えるために開設された。すなわち、企業内研修が男性社員を対象として設計されていて女性のニーズに必ずしも合致しない、あるいは責任ある立場を担うことを意図した業務を与えられていないので管理職になる自信がもてない、などである。

③第3期（確立期）：2022〜2023年度

　2022年度はキャンパス平日通学コースに加え、文部科学省事業を受託して文系女子のためのDX入門コースと女性リーダー・管理職育成コースを開設した。さらに京都府生涯現役クリエイティブセンター（以下、クリエイティブセンターと記す）のリカレント課程に女性応援コースを提供した。2022年度は翌年4月に開設するデータサイエンス学部就任予定の教員の協力を得て、第2期で要望の高かったDXの基礎講座を女性限定で開設した。本講座は定員15名に対して60名の応募と、クリエイティブセンターでもっとも人気の講座となった。

　2023年度は、文部科学省事業の受託による開設コースはマネジメント入門コースだけとし、この数年経験を積み重ねてきた女性リーダー・管理職育成コースを有料コースとして本学独自の運営で実施することに踏み切った。国の補助事業に頼らないリカレント教育課程の経営の安定化を目指しての方向転換である。また前年度から開始したクリエイティブセンターのリカレント教育課程との連携講座を、経費の一部自己負担の有料講座として前期と後期の2期開設、かつ共学で実施した。

　以上のように、京都女子大学ではこの6年間、初期のキャリア中断専業主婦

の社会復帰支援を目的としたリカレント教育から総合職女性のリーダー・管理職育成コースまで、受講者の声に耳を傾け、求められる教育課程を次々と構築しながら女性の学び直しの場を展開してきた。2023年3月末までに課程を修了した女性は281名を数える（京都府の連携講座を除く）。次に受講生の属性分析を通して、日本社会における労働をめぐる女性の課題を明らかにしたい。

4-3. どのような女性が受講しているのか〜受講生の属性の分析〜

　受講生の属性分析にあたっては受講申し込み時に提出された「履修申込書」を資料として利用した。記入項目の年齢、居住地、学歴、職業の4項目を上記の3期に分けて検討する。

①第1期（草創期）：2018〜2019年度（表2参照）

　この2年間の平日通学コースの受講生の属性を表2に示した。年齢は、40歳代が2年間とも約40%、次いで2018年度は30歳代40%と続く。2019年度は60歳代が42%と高率を占めているが、これはこの年度だけの例外的な現象であった。居住地は京都市内、京都市内以外の京都府内を中心に滋賀県と大阪府に若干名と大学に近住する受講生が大半を占めている。学歴は4年制大学卒業生が4分の3であった。また若干名であるが大学院修士課程修了の受講生も毎年含まれている。職種は平日コースの特徴通り専業主婦が最も高く約半数を占める。「その他」は、自営業4名、フリーランス1名、無職3名などである。

　受講生の属性からも分かるように、この時期のリカレント教育課程は、通学距離1時間程度に居住する女性を中心に、様々なライフイベントのためキャリアを中断した専業主婦層が多数を占めていた。

②第2期（展開期）：2020〜2021年度（表3、表4参照）

　第2期は受講生の対象を拡大して就労しながらも受講できるコースの開発に努めた時期である。

　2020年には、平日通学コースをはじめて正社員の総合職・営業職3名が受講した。コロナ禍で在宅勤務が導入されたこと、あるいは仕事が激減したことなどによる。平日コースの受講生の年齢と居住地にこれまでと大きな違いはないが、短期大学卒業生の割合が高まる（31%）一方、大学院修了者が0人となった。他方、eラーニングコースは大学院修了者が4人（18%）とこれまでで最も多かった。またeラーニングを活用したことで居住地は京都市内が50%に減少

表2　2018年度・2019年度受講生の属性

平日通学コース		2018	2019
受講者総数		20名	19名
年齢	20〜29歳	10%	5%
	30〜39歳	40%	26%
	40〜49歳	40%	42%
	50〜59歳	10%	21%
	60〜69歳	−	42%
居住地	京都市内	70%	53%
	京都市内以外の京都府内	20%	11%
	大阪府	5%	5%
	滋賀県	5%	16%
	兵庫県	−	−
	その他	−	16%
学歴	4年制大卒	75%	74%
	短期大卒	10%	11%
	高校卒	−	−
	専門学校卒	5%	5%
	大学院修士卒	10%	5%
	その他	−	5%
職種	管理職	−	−
	総合職・営業職	−	−
	一般職	5%	−
	アルバイト	10%	−
	パートタイマー	20%	16%
	非正規雇用	−	−
	専業主婦	45%	58%
	その他	20%	26%

資料：京都女子大学リカレント教育課程「履修申込書」

し、受講生の居住範囲が拡大した。さらに職種は就業者（自営業等を含む）が
全体の9割を占めるなど、明らかに受講生の層が平日コースより拡大した。

　2021年には前年度のRPAやAIの基礎科目を組み入れたeラーニングコースの
経験を踏まえ、文部科学省事業を活用して転職やキャリアアップの支援を目的
とした新たなコースを開設した。これにより、受講生層の拡大を実現すること

表3　2020年度受講生の属性

コース名		平日コース	eラーニング
受講者総数		16名	22名
年齢	20〜29歳	6%	5%
	30〜39歳	31%	36%
	40〜49歳	44%	41%
	50〜59歳	19%	18%
	60〜69歳	−	−
居住地	京都市内	75%	50%
	京都市内以外の京都府内	13%	14%
	大阪府	−	5%
	滋賀県	6%	23%
	兵庫県	6%	9%
	その他	−	−
学歴	4年制大卒	94%	50%
	短期大卒	31%	9%
	高校卒	6%	−
	専門学校卒	−	9%
	大学院修士卒	−	18%
	その他	−	14%
職種	管理職	−	−
	総合職・営業職	13%	9%
	一般職	−	27%
	アルバイト	6%	−
	パートタイマー	13%	5%
	非正規雇用	6%	32%
	専業主婦	44%	9%
	その他	19%	18%

資料：京都女子大学リカレント教育課程「履修申込書」

ができた。

　表4の属性からわかるように、受講生の層が従来の平日通学コースと再就職支援コース、そしてブラッシュアップコースとキャリアアップコースに二分されていることが分かる。前者は基礎的・汎用的知識や基本的なビジネススキルを修得し就業に向けて踏みだすことの支援を目的とするが、後者の2コースは

表4　2021年度受講生の属性

コース名		平日コース	再就職	ブラッシュ	キャリア
受講者総数		7名	12名	28名	15名
年齢	20〜29歳	29%	8%	14%	7%
	30〜39歳	29%	17%	25%	20%
	40〜49歳	43%	58%	29%	53%
	50〜59歳	−	17%	25%	13%
	60〜69歳	−	−	7%	7%
居住地	京都市内	57%	58%	46%	40%
	京都市内以外の京都府内	14%	−	21%	13%
	大阪府	29%	8%	7%	27%
	滋賀県	−	25%	14%	7%
	兵庫県	−	8%	7%	13%
	その他	−	−	4%	−
学歴	4年制大卒	57%	42%	46%	80%
	短期大卒	29%	25%	21%	7%
	高校卒	−	17%	7%	−
	専門学校卒	−	8%	7%	−
	大学院修士卒	−	−	11%	7%
	その他	14%	8%	7%	7%
職種	管理職	−	−	−	−
	総合職・営業職	−	−	39%	47%
	一般職	14%	−	7%	13%
	アルバイト	14%	17%	−	−
	パートタイマー	−	17%	4%	−
	非正規雇用	14%	8%	29%	40%
	専業主婦	43%	42%	−	−
	その他	14%	17%	21%	−

資料：京都女子大学リカレント教育課程「履修申込書」

IT資格の取得やAI知識の獲得、あるいは経営戦略やマネジメントの専門知識の修得を目的としている。このため前者は専業主婦や非正規職の受講生が中心を占めるが、後者は総合職・営業職の比率が高く、学歴も高い傾向にあった。ブラッシュアップコースは必修科目だけで86時間とかなりハードな教育内容であったが、一人の落伍者も出さず受講生から高い満足度評価を得るこ

表5　2022年度受講生の属性

コース名		平日コース	DXコース	リーダー
受講者総数		15名	39名	27名
年齢	20〜29歳	−	10%	11%
	30〜39歳	20%	36%	30%
	40〜49歳	47%	33%	41%
	50〜59歳	27%	21%	19%
	60〜69歳	7%	−	−
居住地	京都市内	33%	44%	22%
	京都市内以外の京都府内	13%	10%	11%
	大阪府	33%	13%	19%
	滋賀県	13%	13%	26%
	兵庫県	7%	15%	11%
	その他	−	5%	11%
学歴	4年制大卒	47%	64%	59%
	短期大卒	47%	21%	15%
	高校卒	−	−	−
	専門学校卒	−	3%	4%
	大学院修士卒	7%	5%	19%
	その他	−	8%	4%
職種	管理職	−	3%	44%
	総合職・営業職	7%	72%	52%
	一般職	7%	10%	−
	アルバイト	−	−	−
	パートタイマー	−	5%	−
	非正規雇用	13%	5%	−
	専業主婦	53%	−	4%
	その他	20%	5%	−

資料：京都女子大学リカレント教育課程「履修申込書」

とができた。

③第3期（確立期）：2022〜2023年度（表5、表6参照）

　4年間のリカレント教育実施の経験を通して、女性のニーズがきわめて多様であることの理解を得た。大きく類型化すると、次の五つの範疇に区分することができる。第1は、育児等のライフイベントによるキャリア中断から社会に復帰することを目指す女性、第2にはキャリア中断後、不本意ながら非正規雇用に就業している女性、第3に一般職で就業したがキャリアチェンジを目指す

表6　2023年度受講生の属性

コース名		平日コース	リーダー	マネジメント
受講者総数		8名	18名	35名
年齢	20〜29歳	−	−	9%
	30〜39歳	13%	33%	26%
	40〜49歳	75%	33%	51%
	50〜59歳	13%	33%	14%
	60〜69歳	−	−	−
居住地	京都市内	38%	22%	23%
	京都市内以外の京都府内	−	6%	9%
	大阪府	38%	44%	−
	滋賀県	25%	11%	9%
	兵庫県	−	6%	−
	その他	−	11%	60%
学歴	4年制大卒	63%	44%	63%
	短期大卒	25%	28%	11%
	高校卒	−	−	6%
	専門学校卒	13%	−	3%
	大学院修士卒	−	22%	11%
	その他	−	6%	6%
職種	管理職	−	33%	31%
	総合職・営業職	−	39%	37%
	一般職	−	22%	20%
	アルバイト	13%	−	−
	パートタイマー	−	6%	3%
	非正規雇用	−	−	6%
	主婦	75%	−	−
	その他	13%	−	3%

資料：京都女子大学リカレント教育課程「履修申込書」

女性、第4に総合職・営業職として就業しているがさらなるキャリアアップを目指す女性、第5に管理職に就いているがロールモデルがないなどの理由で自信が持てない女性、である。

　以上の受講生ニーズの類型に基づき、2022年度には平日コース、DXコース、女性リーダー・管理職育成コースの三つのコースを開設した。平日コースは、受講生の属性から明らかなように第1の範疇の女性たちを中心に構成されている。

　DXコースは第2、第3の範疇のキャリアアップ、キャリアチェンジを志向する女性を対象にスキルアップを目的とした。そして第4と第5の範疇の女性のために新たに女性リーダー・管理職育成コースを開設した。

　このようにコースの目的を明確化した結果、各コースの特徴を反映して受講生の属性が明確に分かれた。女性リーダー・管理職育成コースは年齢層が30・40歳代を中心として居住地が拡大し、学歴も修士修了者が2割近くを占めている。また職種も管理職が半数近くに達した。その意味で前年までとは異なる新たな層のニーズに応えることができた。

　2022年度は前年度の受講生の評価を参考にして、三つのコースの教育目標の明確化を図った。その結果、受講生の属性も各コースの特徴を反映したものとなった。特に女性リーダー・管理職育成コースは、前年までの受講生の「管理職になりたくないわけではない。管理職に必要な業務経験や研修を受ける機会を与えられなかったため、管理職になる自信がないだけだ」という声を反映した新コースである。その結果、受講生の職種は管理職（44%）と総合職・営業職（52%）で9割以上、学歴も4年制大卒（59%）と修士修了者（19%）で8割近くを占め、かつ居住地の範域も拡大し（東京都、広島市）潜在的な需要の高さを知ることができた。

　2023年度は、前年にクリエイティブセンターで開設したDX入門コース（女性）が極めて好評であったこと、また企業から男性社員も受講させたいとの要望が強かったことを受け、DXコースをクリエイティブセンターに一本化し、男性にも開放して前期・後期の2講座を開講した。そして本学での開講コースは、前年のDX入門コースに代えて「マネジメント入門コース」を文部科学省「女性の多様なチャレンジに寄り添う学びと社会参画支援事業」を受託して開設した。本コースは、女性のためのリカレント教育の実績を有する日本女子大学、福岡女子大学との連携プログラムとして構築されている。このため受講生の居住地は東京都、静岡県、愛知県、福岡県、沖縄県と一気に広域化した。

　またこれまで国の事業の助成を受けない独自運営コースは「平日通学コース」だけであったが、2023年度に「女性リーダー・管理職育成コース」を助成事業から独立した課程として開設することにした。近い将来のリカレント教育課程の独自運営化を目指し、企業内研修としても活用してもらうことによって受講生を獲得する方向を目指しての決断である。2023年度は、残念ながら定員を充

足することはできなかったが、なんとか収益ラインは達成することができた。

　以上、京都女子大学の6年間にわたるリカレント教育課程の変遷を、受講生の属性分析を中心に概観してきた。当初、暗中模索の状態でのスタートであったが、受講生の声からリカレント教育の社会的意義の大きさを認識し、「女子大学の使命」との考えに立ってこれまで継続している。2020年度策定した新グランドビジョン（京都女子大学 ホームページ）には「生涯学び続けることのできる大学」を掲げ、大学の重要な事業の一つと位置づけて取り組んでいる。

4-4.　女性たちはいかに変わったか

　リカレント教育課程が受講生の女性たちに及ぼした影響を、課程修了時（3月）に実施する「受講生評価アンケート」を用いて分析したい（2023年度生は除く）。

　まず教育課程全体に対する受講生評価は、表7に示すように、過去5年間いずれのコースも満足度が極めて高い。そして表8に示すように、リカレントの有用性についても高い評価を獲得している。受講生が高く評価するリカレント教育課程で、受講者はどのように変わったのだろうか。表9は、平日コースの受講生の受講終了時（3月時点）の就業状態である。表2〜6で示したように、

表7　リカレント教育課程全体の満足度

年度	コース	回答者数	非常に満足	満足	どちらともいえない
2018	平日通学コース	20名	50.0%	45.0%	5.0%
2019	平日通学コース	19名	47.9%	52.6%	－
2020	平日通学コース	18名	33.3%	50.0%	16.7%
	eラーニングコース	20名	45.0%	55.0%	－
	土曜通学コース	15名	60.0%	33.3%	6.7%
2021	平日通学コース	7名	71.4%	28.6%	－
	再就職支援	12名	58.3%	41.7%	－
	ブラッシュアップ	29名	24.1%	72.4%	3.4%
	キャリアアップ	15名	26.7%	72.4%	－
2022	平日通学コース	10名	30.0%	60.0%	10.0%
	女性リーダー	27名	63.0%	33.3%	3.7%
	DX入門コース	39名	31.4%	57.1%	11.4%

資料：京都女子大学リカレント教育課程「受講生評価アンケート」

表8　リカレント教育課程の有用度

年度	コース	回答者数	大変役に立った	まあまあ役に立った	どちらともいえない
2020	平日通学コース	18名	66.7%	33.3%	－
	eラーニングコース	20名	90.0%	10.0%	－
	土曜通学コース	15名	86.7%	13.3%	－
2021	平日通学コース	7名	85.7%	14.3%	－
	再就職支援	12名	83.3%	16.7%	－
	ブラッシュアップ	29名	48.3%	48.3%	3.4%
	キャリアアップ	15名	73.3%	26.7%	－
2022	平日通学コース	16名	30.0%	70.0%	－
	女性リーダー	27名	81.5%	18.5%	－
	DX入門コース	39名	81.5%	18.5%	－

注1：2018・2019年度の修了後評価アンケートの質問に「有用度」の項目は含まれていなかった。
注2：「役に立たなかった」との回答は各年度とも0名であったので表からは削除している。
資料：京都女子大学リカレント教育課程「受講生評価アンケート」

表9　リカレント教育課程修了時（3月）の就業状態（平日コース）

就業状態	2018	2019	2020	2021	2022
就職	55.0%	63.2%	38.9%	28.6%	30.0%
現業継続	25.0%	15.8%	27.8%	14.3%	10.0%
起業予定	5.0%	10.5%	11.1%	－	20.0%
結果待ち	15.0%	10.5%	11.1%	28.6%	50.0%
未定	－	－	11.1%	28.6%	10.0%
回答者数	20名	19名	18名	7名	10名

資料：京都女子大学リカレント教育課程「受講生評価アンケート」

　受講前の就業状態は「専業主婦」が43〜58％（2023年度生を除く5年間平均48.6％）であったが、過去5年間で「現業継続」を除けば2020〜2022年度生の5名を除くすべての受講生が就職あるいは起業に向けて行動をはじめている。教育課程終了時に「未定」と回答したのは、コロナ禍で希望業種の求人が減少して求職活動を保留した5名だけであった。
　受講前の「志望動機」からは、具体的に再就職やキャリアアップ、スキルアップを目指すだけでなく、将来の就職に向けた「準備段階として」や「視野を広げ、今後のキャリアプランを形成したい」「成長したい」など漠然とした将来への希望ないし不安から受講を決断しているケースも少なくないが、5カ月間の受講によって明確な就業意識が涵養され未来に向けての一歩を踏み出したこと

が理解される。特に育児でキャリア中断した平日通学コース受講生の「子ども
が小さいうちは、家庭にいるのが当たり前という感覚だったが、講座を受講し
仲間と話すうちに様々な生き方があることを知り、(中略) 自分も社会に再度目
を向け、可能な時間で働きたいと一歩が踏み出せた」(京都女子大学 2019：45)
という声や、修了時の評価アンケートに書かれた「家庭との両立の自信が付い
た」(2020年度生)、「前に一歩踏み出すためのプロセスを学べた」(2020年度生)、
「今の自分はリカレント教育課程なしではありえません」(2021年度生) との言
葉が本リカレント教育課程の成果を物語っているといえよう。

　一方、2020年以降開始された新たなコースは、教育課程の達成目標を具体的
にキャリアアップ、スキルアップに設定している。表10に受講効果に関する回
答を示した。2021年度「再就職コース」の受講生は、コース名通り「円滑な転
職に役立つ」との回答が4分の3を占めている。なお「その他の効果」として
は「自信がついた」「キャリアが明確になった」など自身の意識の変化が挙げら
れている (これは他のコースも同様である)。2022年度の「女性リーダー・管理
職育成コース」の受講生は、管理職と総合職・営業職で9割を占めているとい
う就業状態を反映して、「社内外の評価が高まる」が最も高く40.7%、ついで
「処遇の向上 (昇進、昇格、資格手当等) に役立つ」25.9%、「配置転換等によ
り希望の業務に従事できる」14.8%の3項目で8割を超えている。また「その
他の効果」を選択した受講生は、個人のリーダーとしての資質やモティベーショ

表10　講座の受講効果

年　　度	2020	2021			2022	
コース名	eラーニング	再就職	ブラッシュ	キャリア	DXコース	リーダー
処遇の向上 (昇進、昇格、資格手当等) に役立つ	5.3%	－	22.2%	20.0%	5.7%	25.9%
配置転換等により希望の業務に従事できる	5.3%	－	3.7%	13.3%	11.4%	14.8%
社内外の評価が高まる	5.3%	－	14.8%	13.3%	20.0%	40.7%
円滑な転職に役立つ	47.4%	75.0%	33.3%	26.7%	11.4%	－
趣味・教養に役立つ	15.8%	－	18.5%	13.3%	14.3%	－
その他の効果	21.1%	25.0%	7.4%	13.3%	22.9%	18.5%
特に効果はない		－	－	15.0%	14.3%	－
回答者数	19名	12名	28名	15名	39名	27名

資料：京都女子大学リカレント教育課程「受講生評価アンケート」

表11　受講前/後のICTリテラシーについての自己評価

年　度	2020		2021				2022			
コース名	eラーニング		ブラッシュアップ		キャリアアップ		DXコース		女性リーダー	
	受講前	受講後	受講前	受講後	受講前	受講後	受講前	受講後	受講前	受講後
かなり自信があった/ついた	5.5%	33.3%	3.4%	17.2%	13.3%	20.0%	－	11.4%	5.5%	33.3%
自信があった/ついた	27.8%	38.9%	13.8%	48.3%	46.7%	73.3%	8.6%	54.3%	27.8%	44.4%
どちらともいえない	27.8%	11.1%	34.5%	20.7%	26.7%	6.7%	20.0%	31.4%	27.8%	11.1%
自信がなかった/今も自信がない	38.9%	16.7%	48.3%	13.8%	13.3%	－	71.4%	2.9%	38.9%	11.1%
回答者数	18名		29名		15名		35名		18名	

資料：京都女子大学リカレント教育課程「受講生評価アンケート」

表12　受講前/後のリーダーシップ力についての自己評価

| コース名 | 女性リーダー | |
	受講前	受講後
かなり自信があった/ついた	－	18.5%
自信があった/ついた	22.2%	70.4%
どちらともいえない	29.6%	11.1%
自信がなかった/今も自信がない	48.1%	－

資料：京都女子大学リカレント教育課程「受講生評価アンケート」

ンなどの向上を答えている。

　以上のような自己肯定感の上昇は具体的なスキル向上の実感に裏打ちされていると言えるだろう。この点は、表11に示すようにICTリテラシーの受講前/後の自己評価の変化からも明らかである。また2022年の女性リーダー・管理職育成コースにおけるリーダーシップ力の受講前/後の自己評価も、表12に示すように、「かなり自信があった/ついた」と「自信があった/ついた」の合計が受講前の22.2%から受講後には88.9%、一方「自信がなかった/今も自信がない」は48.1%から回答者0名へと顕著な変化をみせている。

　企業の女性管理職比率が低い理由の一つに「女性が管理職を望まないから」ということが言われることがあるが、女性リーダー・管理職育成コース受講生

の感想[8]からは、企業において女性を管理職として育てる環境が欠けていることが課題であることが浮かび上がってくる。

　以上の「受講生評価アンケート」結果分析より、必要な知識とビジネススキルを身につけることが女性たちの自己肯定感を高め、新しい生活にチャレンジする勇気を与えることが明らかである。リカレント教育課程はそのための重要な機会を提供しているといえる。

5．むすびにかえて〜 Beyond the Wall 〜

　わずか6年足らずの経験であるが、京都女子大学のリカレント教育課程を事例として取り上げ、女性のためのリカレント教育の現状を分析してきた。この営みはひいては日本社会における「普通の女性たち」の現状を理解するプロセスでもあった。

　女性のためのリカレント教育課程の実施は運営主体の大学にとっても多くのことを学ぶ機会となった。女子大学として100年余りの実績を有する本学ではあるが、卒業後の女性たちの人生に正面から向き合う機会はなかったといえよう。筆者自身、日本社会における女性の現状（主に地域政治への参画をテーマとしてではあるが）を研究対象としてきたが、産業界における女性の現状はあくまでも統計的数値として理解しているだけであった。このリカレント教育課程を通じて、現代社会に生きる女性たち一人一人の人生の多様性と課題を知ることができた。彼女たちが、もし男性であったならば直面することもなかったであろう「壁」が、彼女たちの能力を社会に活用し、自分らしく生きることを阻んでいる。京都女子大学のリカレント教育の実践は、適切な教育機会を提供することによって女性が壁を超える力を獲得できることを実証したと評価できる。

8　2022年度女性リーダー・管理職育成コースの「受講生評価アンケート」には次のような感想が寄せられている。
　「管理職としての自信を付けられるようなプログラム構成であったことから、自分自身は管理職が務まるだろうか？と不安を覚えている身であったため、非常に有意義な時間となった」
　「管理職としてのスキルを習得したい気持ちはあったものの、男性に混ざって勉強することには少し抵抗がありました。本コースは、女性に限定されていたため、受講する勇気が持てました」

40

　第1節で示したように、今後避けることのできない人口爆縮という日本社会が直面する課題への最善の対応策は、労働分野のジェンダー格差の解消であることは明らかである。とりわけ過疎化が進行する地域社会においては、家庭をはじめとした社会構造全体に深く浸透したジェンダー規範の解消が喫緊の課題である。京都女子大学の前身である京都女子高等専門学校の設置を熱望し行動した大谷籌子は、仏教の平等思想に根差して「男女平等機会均等」社会の実現を願い、そのためには女性自身も力をつける必要があると考えて女子高等教育機関の設置を目指した（竹安2022：67-70）。この建学の精神に根差して京都女子大学ではリカレント教育を実施している。女性たちの「妻・母」から「市民・人間」への意識転換を教育の中核に据え、労働分野におけるジェンダー格差の解消に求められる即戦力として、また産業界などあらゆる分野で社会の変革を担う女性を育てることを目指して教育を実践している。この意味で、全国の大学がそれぞれの地域に根差した「女性のためのリカレント教育」を展開することは、人口減少が急速に進行する地域社会の持続的展開を支える有効な施策であり、かつ地域に根差す大学が果たすべき役割でもあるといえよう。

　最後に、大学がリカレント教育に取り組むにあたっての留意点として以下の諸点を提言して本稿を締めくくりたい。

（1）建学の精神および大学のアドミッションポリシーに基づく教育課程であること。これは学内の合意形成においても重要である。
（2）国や自治体の支援を積極的に活用することは、財政レベルだけでなく教育の質の向上にも有効である。
（3）学部教育以上に実践的教育が求められるリカレント教育課程においては、学外の多様な機関および他大学との連携が重要である。

【参考文献・資料】※著者名アルファベット順

大学コンソーシアム京都（2020）「京都におけるリカレント教育推進に果たす大学コンソーシアム京都の役割」『2019年度大学コンソーシアム京都指定調査課題調査研究成果報告書』5-128
──（2023）「大学コンソーシアム京都のリカレント教育」
出相泰裕（2021）「OECDのリカレント教育の理念と今日の日本におけるリカレント教育の意味」『UEJジャーナル』36：1-19
福岡女子大学（2014）「文部科学省委託事業『高度人材養成のための社会人学び直し

大学院プログラム』イノベーション創出力を持った女性リーダー育成プログラム」

岩槻知也（2020）「リカレント教育とは何か」『2019年度大学コンソーシアム京都指定
　　調査課題調査研究成果報告書』7-16

合田隆史（2023）「大学開放政策の動向」出相泰裕編著『学び直しとリカレント教育
　　―大学開放の新しい展開』所収：10-28、ミネルヴァ書房

金子隆一（2017）「日本の人口動向と社会」森田朗（監修）／国立社会保障・人口問
　　題研究所（編）『日本の人口動向とこれからの社会―人口潮流が変える日本と世界』
　　所収、東京大学出版会

関西学院大学経営戦略研究科（2016）「文部科学省『高度人材養成のための社会人学
　　び直し大学院プログラム』委託事業　ハッピーキャリアプログラム女性リーダー育
　　成コース　平成27年度成果報告書」

厚生労働省（2019）「入札説明書　教育訓練プログラム開発事業（2年開発コース）」

京都府商工労働部（2023）「生涯現役クリエイティブセンターの取り組みについて」（非
　　公開資料）

京都女子大学地域連携研究センター（2019）『Annual Report 2019』

ラングラン、ポール（1972）「生涯教育の戦略」新堀通也・原田彰編訳『世界の生涯
　　教育―その理論と実情』所収：6-24、福村出版

日本教育社会学会編（1986）『新教育社会学辞典』東洋館出版社

小椋幹子（2023）「大学におけるリカレント教育課程―女性を対象とした働くための
　　学びの場」出相泰裕編著『学び直しとリカレント教育―大学開放の新しい展開』108-
　　124

奥井亜紗子（2019）「東山区における自主防災活動と町内会運営の実態に関する実証
　　的研究」京都女子大学地域連携研究センター『Annual Report 2018』22-23

ブリントン、メアリー・C（2022）『縛られる日本人―人口減少をもたらす「規範」を
　　打ち破れるか』池村千秋訳、中公新書

総務省地域力創造グループ過疎対策室（2020）「過疎地域等における集落の状況に関
　　する現況把握調査最終報告書」https://www.soumu.go.jp/main_content/000678497.
　　pdf（2023年9月5日確認）

竹安栄子（2020）「提言：大学コンソーシアム京都に求められるリカレント教育への
　　取り組み―「京都モデル」の構築に向けて」『2019年度大学コンソーシアム京都指
　　定調査課題調査研究成果報告書』所収：91-98

――（2022）「ジェンダー平等推進に果たす女子大学の役割―京都女子大学の挑戦」国
　　立女性教育会館『NWEC実践研究』13：62-90

戸室憲勇（2009）「大学の社会人学生受け入れに関する一考察―スウェーデンのリカ

レント教育を参考にして」『宇都宮大学生涯学習教育研究センター研究報告』18：21-27

【参考URL】

CERI (Centre for Educational Research and Innovation), OECD (1973) *Recurrent Education: A Strategy for Lifelong Learning,* https://files.eric.ed.gov/fulltext/ED083365.pdf（2023年9月10日確認）

大学コンソーシアム京都ホームページ「大学コンソーシアム京都の使命」https://www.consortium.or.jp/info/mission（2023年9月30日確認）

林伴子・新村太郎（2022）「女性活躍とマクロ経済（第3回『女性と経済』に関する勉強会）」https://www.kantei.go.jp/jp/content/000116413.pdf（2023年9月15日確認）

女性のためのリカレント教育推進協議会ホームページ「沿革」https://www5.jwu.ac.jp/gp/kyogikai/image/history.pdf（2023年9月28日確認）

経済団体連合会（1999）「経団連 産業競争力強化に向けた提言－国民の豊かさを実現する雇用・労働分野の改革」https://www.keidanren.or.jp/japanese/policy/pol248/index.html（2023年9月2日確認）

京都ジョブパーク総合就業支援拠点ホームページ「京都ジョブパークについて」https://www.pref.kyoto.jp/jobpark/facility.html（2023年9月2日確認）

京都女子大学（2020）「グランドビジョン」https://www.kyoto-wu.ac.jp/daigaku/vision/grandvision.html（2023年9月10日確認）

文部科学省（2006）「再チャレンジ支援総合プラン」https://www.mext.go.jp/a_menu/ikusei/challenge/07020202.htm（2023年9月3日確認）

文部科学省教育再生実行会議（2015）「資料2-5『学び続ける』社会、全員参加型社会、地方創生を実現する教育の在り方について（第六次提言）」https://www.mext.go.jp/b_menu/shingi/chukyo/chukyo3/siryo/attach/1360247.htm（2023年9月3日確認）

内閣府首相官邸（2017）「人生100年時代構想」https://www.kantei.go.jp/jp/headline/ichiokusoukatsuyaku/jinsei100.html（2023年9月3日確認）

内閣府（2022）『令和4年版 少子化社会対策白書 全体版（PDF版）』https://warp.da.ndl.go.jp/info:ndljp/pid/12772297/www8.cao.go.jp/shoushi/shoushika/whitepaper/measures/w-2022/r04pdfhonpen/r04honpen.html（2023年9月3日確認）

内閣府男女共同参画推進本部（2023）「女性活躍・男女共同参画の重点方針2023（女性版骨太の方針2023）」https://www.gender.go.jp/policy/sokushin/pdf/sokushin/jyuten2023_honbun.pdf（2023年9月3日確認）

内閣府人生100年時代構想会議（2018）「人づくり革命 基本構想」https://www.kantei.go.jp/jp/content/000023186.pdf（2023年9月3日確認）

OECD (2023) "OECD Data: Labour productivity and utilisation" https://data.oecd.org/lprdty/labour-productivity-and-utilisation.htm（2023年9月3日確認）

首相官邸ホームページ（2023）「こども・子育て政策の目指す社会像と基本理念とは──次元の異なる少子化対策の実現に向けて」https://www.kantei.go.jp/jp/kodomokosodateseisaku_kishida/index.html（2023年9月15日確認）

総務省統計局（2023）「労働力調査（基本集計）2023年（令和5年）7月分」https://www.e-stat.go.jp/stat-search/files?stat_infid=000040092695（2023年11月29日確認）

帝国データバンク（2023）『全国企業倒産集計2023年報』https://www.tdb.co.jp/tosan/syukei/23nen_html(2024年1月5日確認)

地域の学習環境と図書館活動
－制度社会から地域づくりの住民自治へ－

馬頭 忠治

はじめに

　鹿児島国際大学附置地域総合研究所には大変、お世話になった。とりわけ、清水基金プロジェクト（高橋信行福祉社会学部教授主管）のおかげで、多くの地域を長きに亘って多面的に、しかも自由に調査研究できた。感謝するばかりである。ここでは、その一端を紹介していく。

　さらに、個人的な思いから論を起こすこととなるが、地域調査をするなかで、痛感するようになったことがある。それは、地域の営みの歴史やその史料に関心を寄せ、かつ深めながら、いま抱える地域住民の課題に迫っていくというアプローチが思いのほか少ないことである。トピック性のある政治的テーマを追いかけ、そのために住民などにアンケートを取るなど現地を調査しても、政策提言で終わっていく類いのものが余りに多い。

　もっと直截に言うと、行政などから委託された調査やシンクタンクなどの研究プロジェクトでは、地域が抱える問題についてヒアリングし、さらには市民の声を拾いながら実態を把握しようとしても、それを地域の学びに高め、地域の知にして地域に愛着をもつ人を育てていくことには関心が向かず、報告書作成で終わり、後は行政がそれを踏まえて政策をつくり予算化するといったパターンが常態化する。

　そのため、国の国土開発計画に沿った「上から目線」の似通った地域政策が全国で展開されることとなる。また、学者の研究もこの展開に引き摺られてか、住民の知りたいこと、学びたいことから乖離した社会テーマが学術的に組織され、学会などを通じて議論される。

　私は、地域研究をするなかで、この手法に危機感を持つようになった。そもそも住民は、自らの体験や身近な歴史について、ごく自然な感情で接し、かつ明らかにしていこうとして、知り、調べ、語り伝えようとするし、同じ時空間の住民として分かり合っていこうとする。しかも、日本は、漢字と仮名（ひらがな、カタカナ）を持つ、今も昔も読書大国である[1]。

　しかしながら、ほとんどの地域調査と地域政策では、この住民の自然感情がすっぽりと抜け落ちる。これでは、住民と地域づくりは乖離し、地域づくりの

1　天平時代の図書寮、さらには文書保存のための、律令時代の文人文庫、中世の金沢文庫、紅葉山文庫、江戸時代の町人文庫、学問所文庫などをはじめ、寺子屋や藩校などの豊かな図書館の歴史を持つ（この歴史については、石見尚『図書館の時代』）。さらに言えば、宮崎安貞『農業全書』がそうであるように、単に中国輸入の翻訳知ではなく、安貞自身の営農経験と、諸国老農への諮詢を取り入れ、百姓の立場に立ち、かつ百姓と学者の知を交差させて、農民を読者に仕立てた（横田冬彦「農書と農民」）。同じころ、木版印刷によって「千部振舞」（ベストセラー本）が生まれ、貸本屋が繁盛した。さらに、終戦直後に鹿児島県立図書館長となった椋鳩十（児童文学作家）は、「母と子の20分間読書」の運動ばかりか、指宿町立図書館に足繁く通い、「農村図書館」＝農村文庫を通じて生活と生産を立て直そうと努力し、当時の市長、肥後正樹の熱心な支持もあった。指宿町立図書館の始まりは、1945（昭和20）年の空襲で焼失した後の1949（昭和24）年で、農業改善センターの図書室からである（指宿市立図書館長、下吹越かおるからの聞き取り、2021年2月4日）。また、指宿市立図書館の最近の取り組みについては、猪谷千香『小さなまちの奇跡の図書館』に詳しい。
　何より、飯田一史『「若者の読書離れ」というウソ－中高生はどのくらい、どんな本をよんでいるのか』から「読書離れ」の実相が本への渇望を強めつつ、無数の中心が散在する世界に身をおき思索するようになっただけのことだと捉えられる。話は前後するが、鹿児島県大隅半島の南端にある根占図書館（前身：私立根占書籍館）は、九州初の私設書籍館で開館は1884（明治17）年、全国でも4番目である。根占書籍館は1883（明治16）年に県令に設立伺が出され、翌年に公立神山小学校に付設されることを条件に許可された。それは1879（明治12）年の教育令に基づくものであった。書籍館は公立、私立を問わず、小学校を補完する教育機関の一つであったのである。「図書を蒐集し公衆の閲覧に供する」図書館は、1899（明治32）年の「図書館令」による。1912（大正元）年までは県立図書館を除いては根占図書館が県内唯一の図書館であったが、その後急増し、1928（昭和3）年には104館となった（丹波謙治、多田蔵人編『鹿児島 書物と図書の近代―〈知〉の集積と展開』）。現在では、南大隅町根占図書館の書物は、地元のカフェ、保育園、農協、子育てセンターなどに別置される（2021年1月29日調査）。隣の町、錦江町では廃校になった中学校の一室は「みんなの図書館『本と一筆』」に生まれ変わった。運営はNPO法人「たがやす」。好きな本を持ち寄って一棚オーナーになって、メッセージを添えて自分を表現する。本を通じて対話できる新しいコミュニティスペースとなっている（2023年1月15日、訪問調査）。
　こうした展開となるのは、日本が「読書大国」を生む文化の国だからである。

46

基本である自治は地域から消え、地方公共団体が「自治体」でなくなっていく。この自治の不在こそが、地域と社会の危機を招く。"稼げるまちづくり"などが公然と掲げられるようになるのも、このためである。

この地域の危機を脱し、自治ある地域をつくるためには、個人の関心や身近なテーマについて知りたい、調べたい、分かりたいなどの住民の学びのニーズが広範囲に存在することを十分に踏まえて、地域が抱える諸問題にアプローチし、"ないものはない"（島根県海士町）と無理せず自らでできることを再発見して取り組むべきである。そのためには、学びのニーズを深める学習環境を整えて、だれもが地域に関心を持ちつづけて、それを記憶し記録することが大切になるし、これこそが地域づくりを本来の形に近づける第一歩となる。

まさしく、これができてこそ、地域での生活が、その歴史と文化とともに住民のものとなり、自治が可能となるのではないのか。この問いがここでのテーマである。

問題は、地域の理解力不足や関心の低さがあるからではない。むしろ、これまで住民の学びのニーズにかみ合った形で、学校、図書館、博物館、公民館などの公共施設の制度設計がなされず、多くは、国民教育のための社会制度として、しかも、劣悪な予算で画一的に布設されてきた歴史が省みられるべきである。指定管理者制度によって何とか図書館を運営維持している現状は、この知りたい、調べたい、分かりたいなどの住民の学びのニーズをなおざりにしてきた、その証左でしかない。そのなか、佐賀県武雄市の図書館づくりは、一時、大変注目されたが、住民ニーズをはき違えて、憩いのサロンの場にしてしまい、いまその戦略自体が問われるようになったことは、ある意味、必然なのである。

ともあれ、住民の学びのニーズに根づいた地域づくりが地域自治の原点であり、かつ、学びとその記憶・記録が、多世代をつなぐ協同の地域文化を生み、人間の条件を整えることを踏まえ、以下、地域の学習環境と図書館について考察する。

1. 地域と社会制度、その分岐点－ここがロドスだ、ここで跳べ－

1-1. 戦後生活の制度的結末
自分が住む地域について知りたい、分かりたいというのは自然な感情である。

このまま、自らのまちの生活づくりをことごとく中央に依存し、自ら関与できなくなると、地域生活は一体、どうなってしまうのか。いろいろと指摘はできるが、それを歴史的に捉え直すと、次のように把捉できよう。

　民俗学者、宮本常一が明らかにしたように、端的に言って、近代以降の地域生活は、田舎の都市への奉仕の歴史が積み重ねられるだけで、基本、何も変わらないままと捉えられる。明治期の「帝都」の建設以降、都市が農村を「植民地化」して繁栄する地政学的な構造が定着した。そして、その構造から都市も農村も抜け出せないままとなった。戦後も、GHQのもと、農地改革、労働改革、教育改革が断行され経済大国になったが、「中央の強さ、あたらしい文化は中央から地方へもたらされるというシステムが地方を中央へ随従させる体制をつくっていった」という国づくりはびくとも変わらず繰り返された。だから、村々には、「祭祀を中心にした集団と生産組織の根強さ」が残り、一人ひとりは貧しいままで、「地方文化の定型化と言うべきもの」ができなかった（宮本1982：25）。

　その祭祀も、古代日本の祭政一致で皇祖神をまつるという奉仕／献身に立つもので、人びとを上から下まで、政（まつりごと）として同方向的に包摂するものとなった。その結果、地方の住民にとって、自らの文化をつくれず、子孫に残すべき財産は「土地以外になかった」（同上：27）。しかも、この自らの文化を持てない地方の貧しさは、地方を「農村は都市に、地方は中央に奉仕しつづけ、それに報いる政策の主要なものが災害復旧や失業保険であるということは皮肉もすぎたもの」（同上：39）といった「国内植民地」にする。地方人にとって「東京はあこがれの的であり、東京化することが一つの夢」になるばかりで、地方の生活は、農業などに携わるも「出稼ぎなどによって赤字を補うような生活」となる（同上：39）。だからこそ、「日本ほど治めやすい国はない。中央の力がつよくて地方がこれにしたがっていくからである」という内なる植民地政治が着床したのである（同上：41）。

　こうして東京中心の社会が屹立し、住民不在の、もっと言えば、お互いにただし合うことのない「国史」ができていく。それゆえ、人びとの地域への関心と興味は薄れ、同時に貧しさを克服する地域力の発見やその創造は軽んじられた。しかしながら、日々の暮らしにこそ生活者の歴史が宿り、その小さな歴史が人びとの生きる水脈となって引き継がれてこそ健全な文化となるはずであ

る[2]。また、本来であれば、地方とて、第一次産業や生業に縛られずに、自らの閉鎖性や固執性なりを脱却し、生産と生活を共同自治しながら別の開かれた世界とつながることも可能であったはずである。さらには都市での労働者自治を可能にし、全体として、生活と産業が結びつく産業的自治も絵空事でなくなる。だが、この当たり前が蔑ろにされ、周知のとおり、明治期は「富国強兵」「殖産興業」「文明開化」、戦後期は「経済大国」「技術立国」などと「上」から国策として近代化、文明化するばかりとなった。だが、これは、どこかで必ず行き詰まるし破綻する。日本の成り立ちや行末は、西洋文明では変えられないし、また、自ずと自治や民主主義をもたらすものでもない。

　戦後、「国内植民地化」は、地方自治を憲法に定めて民主化されるはずだった。そこでは、地方自治は、社会の自然な姿であり、そればかりか、国の統治を限定する主体性を持つものと考えられていた。だから、憲法第92条により地方自治法をつくり、住民自治と団体自治（地域のことは地方公共団体が自主性・自立性をもって、国の干渉を受けることなく自らの判断と責任の下に地域の実情に沿った行政を行う）を保障しようとした。

　しかし、戦後政治は、地方自治を、直接公選制、地方議会の地位・権限の強化、条例制定権のほか、住民の直接請求や監査請求権、住民訴訟などに限定した。その結果、国家による立法制定主義がまかり通り、結果、戦後を通して、国家によって経済成長と東京一極集中が「上」から推し進められ、ことごとく生活は制度化され、住民自治は換骨奪胎されたのである。地方の現状はこの結果でもある。

　さらに立ち入って言えば、明治近代化は、立身出世主義と植民地主義を生み出し、人びとをことごとく近代国家づくりに動員したが、この国家動員は、戦後もさほど変わることはなかった。それは、戦争への罪責を真摯に問うことなしに、さらには内なる植民地化を反省することなく、戦後の貧しさから一気に高度経済成長へと突入したためである。国家は、多くの人びとを「皇国兵士」を「企業戦士」に代えただけの滅私奉公の論理で国民を動員し、住民自治など完全に葬り去り、東京中心の「国内植民地化」を推し進めたのである。

　だからこそ、戦後、学歴主義と消費生活の魅力が、人びとに地方を捨てさせ、

2　畠中章宏『今を生きる思想　宮本常一―歴史は庶民がつくる』。

都市で学び勤労する経済大国の一員にできた。そして、戦後も、戦前と同様の「立身出郷」（宮本常一）以外の選択ができなくなった。とはいえ、農業国から工業国となり経済大国になるにつれ、地域の人口構成はいびつになり、少子高齢化の、地域の担い手／継承者のいない限界集落と烙印を押されるようになった。しかも、依然、地域の伝統や暮らしを見直すことも、それに学ぶこともなく、都市的生活を享受する以外の選択肢を用意できなかった。

　もちろん、この転換は、強制や従属ではない。都市生活を積極的に享受することが、人びとの支配的価値となり、人びとの憧れを文化的にも経済的にも嚮導して、かつ満足させることができたからである。

　しかも、この転換は、子どもたちを全面的に学校制度に包摂することになった。子どもたちは、教育によって「普遍的価値」を身につけ都市文化に順化して、就職・進学を「自発的」に選択して、都市で勤労者になり消費者となってこそ、地域の貧しさから逃れることができると信じ、地域の人びともそれを願うばかりとなった。このため、地域は、「学校以外に、子どもたちが自然に集まってきておたがいに出会う場所がどこを探しても見当たらない」（服部2013：78）といった状況となり、子どもは学校で生活し、親と地域は、子育てに関与できなくなったのである。

　そうして、教育は、後述するように「立身出郷」のための"地域を捨てる教育"となった。そのため、その改革の可能性や地域の学習環境を顧みることなく、地域は地域を担い継承する人を育てる動機も知恵も術も失っていく。立派な学校は建てられるが、公民館や図書館、博物館を充実させ、そこでだれもが学ぶ地域の学習環境は二の次となった。それだけではなく、人びとは教育投資を強いられていく。それは、それ以外に「立身出郷」の手段がないためであるが、その教育投資は地域に利益を生む投資にはならない。むしろ、この教育の負担は、都市の大学や企業が無償で得ていく。しかも、学ぶものを、主権者にするのではなく受益者に変質させる。そうして勤労し納税する従順な国民にしていく。学校教育は、こうしたもろもろの結果を招いたのである。

　だが、オイルショックやバブル経済とその崩壊を経るなかで、この都市様式化した戦後体制は全体的に行き詰まり、制度は綻び、数々の問題を噴出して、一気に人びとに圧し掛かる。というのも、戦後、戦争責任について一切の反省もなく、経済大国という国家目標を掲げ、権力の力や科学技術の力で一気に達

50

成しようとしたためである。そのため、人びとは、自ら知恵を出し工夫し協働して社会形成するような達成感を得るのではなく、能力主義やその結果だけを享受する、結果オーライの目標達成主義に絡めとられただけに、問題はより先鋭的になった。また、学校や社会保険など制度に安住して、そのサービスに囚われ依存する生活であったため、困難を自らの問題と受け止め、解決しようともせず、逆に社会変革を忌み嫌う、いわば無責任な市民となった。

　だから、その行き詰まりは簡単に差別や排除を生み、躊躇なく少数者を社会的弱者にする。そして、生活困難（失業・倒産による貧困、非正規雇用と排除・孤立、債務と返済不能、離婚、住居難民など）や学校崩壊（クラス崩壊からいじめ、不登校、教師の過剰労働など）、さらには限界集落や消滅都市といった地域問題など目白押しとなった。そうして、社会のコンスティチューションを変質させ、制度から切り離され自らの生存基盤を失い途方に暮れる市井の人びとを生み出すようになったのである。

　そもそも、制度は、憲法もそうであるが、その成立に至った歴史、意義などを無視できるものではない。それは制度趣旨と呼ばれるが、制度も含めてすべての価値の根源は個人の思想を基礎において成り立つ。制度も、一人ひとりが決めるのであって、国家ではない。あくまで、個人が守り、変えるものである。このことを忘れると、制度は国家が決めるものとなり、私たちは、単なる受益者に成り下がる。そうなれば制度は人間の生を支える礎石ではなくなるし、国家はその実効性を失うと、言葉を尽くさず、力で押し通そうとするようになる。

　また、社会サービスを国家だけが担うことで、国家が全てだと思い込まれ、国家の必要は個人に優先するという認識に支配されていくことにもなる。とはいえ、国家がそのエゴイズムを押し通すと、国そのものが弱体化するのも真実である。

1-2. 社会意識の進化と地域の成熟

　問題はさまざまでどれも深刻である。なかでも是非とも問うべきは、人びとが、過剰なまで勤労して、利便性や快適性を求め、個人的な満足を消費で満たす都市生活そのものであろう。というのも、私たちは、結局、生活に根ざした結びつきを失い、いつまでも、地域を自分たちの終の棲家にできずに、したがって自らの生と死も他者のそれもきちんと受け止められず、孤立して生きる放浪

者のような存在となったからである。そのためか、高齢者に限らず若者も、究極自殺に追い込まれる。

　だからこそ、「いのちが見えない。生きていることの中心がなくなって…(略)…死ぬことも見えない」とか「本当に死が見えないと本当の生も生きられない。等身大の実物の生活をするためには、等身大の実物の生死を感じる意識を高めなくてはならない」(藤原 2008：4-6、抜粋) といったことが真実となって表出する。

　こうした事態となるのは、近代化と「国内植民地化」を清算できなかった結果でもあるが、さらに、私たちは、これまで個人の立場を離れて全体に関わることで公をつくり、その公が自らの生活を支えるという社会関係性を失ったというよりも、そうした公をつくろうとしなかったためでもある。しかも、その結果、簡単に人を切り捨てる "冷たい社会" となった。制度で均質的に動員され、市場によって匿名化されると、自己責任をとれないのは怠慢や甘えによると思い込むようになる。だから平気で他者に自己責任を押しつける。そうなると、お互いにただし合って、自らの同胞を愛し大切にする公やアソシエーションは顧みられず、関係はますます不寛容となり暴力的ともなる。

　さらに、問題が起き、それを不条理だと思っても、現実社会を直視することを避け、見たいものだけを見る、そうした傾向を強める。それは、公やナショナリズムがないため全体を見て考えようとしないためだが、さらに、悪いことに、問題が問題にならず、おかしいとの声が上げられず、抵抗や闘いも社会から消える。そうして生きている中心を失う。

　しかし、私たち人間は、そんな愚かではない。絶望や挫折感に身を任せるような愚衆であり続けることは、私たちの人間的な誇りが許さない。だから、そんな社会が長続きするわけがないし、国民を窒息させるような統治は続かない。しかも、私たちは、都市生活を満喫しているようで、その実、順化され動員させられていると薄々、感づいている。感覚的だが、私生活主義の何たるかも分かっている。また、公のある生活とは、他者と協同する生活であって、この方が、人間にとって自然であると、改めて相互扶助の歴史を辿ってみようともする。また、貧困が制度と市場と深く結びつき、人びとを強者と弱者に固着させて対立を深めるばかりだと察し、その抜本的な取り組みが必要なことも分かっている。今だけ、自分だけ、カネだけではどうしようもないことも肌身で感じ

てもいる。

　そうした数々の不安と気づきが積み重なって新しい社会認識ができ、やがて
批判精神が人びとに宿り創造へと向かう。それが人間の歴史である。だから、
時間はかかるが、いまの東京一極集中の私生活主義の幻想と功罪の一切を問い
糺す時が必ず来る。

　この意味で、脱近代の社会認識を進化させた思想家イヴァン・イリッチの論
説は無視できない。イリッチは、70年代には、脱学校や脱病院論を展開し、祝
祭的な共生を原型とする自立共生・相互親和（Convivial）の概念にもとづいて
共生主義（Convivialism）の現代的再生を論じた[3]。それは、健康や学習が制度設
計され社会サービスとしてすべての人に提供することで、社会の需要に応える
形で、国家は国民を包摂できたが、これによって、かえって一人ひとりが現実
と直面して、自己を表現し、つらさや死を受け入れる能力を失い、無化された
という[4]。とくに普遍的価値が学校で規範化され、生活様式の形式をつくり、社
会の制度化の前提条件となる。だからこそ、この近代的制度の罠から自由にな
るためには、まずもって人間は生きる本質を知悉しなければならないとしたの
である[5]。

　さらに、かかる思潮があって、他者との関係の人間的意味が問われるように
なる[6]。これまでは、先に指摘したように、制度目標の達成を目に見える効率や
合理性で追い求めるあまり、そのしわ寄せは、どちらかというと目に見えない
形で押しつける無責任なものとなる。たとえば、制度ができると、短期的なも
のごとの処理に追い込まれるが、だれもが安住していけると錯誤し現状に囚わ
れ、後先のことに思いが及ばなくなる。

　そうして、社会は簡単に多数と少数に分裂し、声を上げにくい弱者（子ども、
非正規労働者、高齢者、障害者、シングルマザー、在日外国人など）がその犠

3　イヴァン・イリッチ『コンヴィヴィアリティのための道具』、同『脱学校の社会』、同『脱
　　病院社会－医療の限界』。

4　イリッチは、病院は、自己ケアの権利すら放棄させ不健康をつくり出すことで「社会的
　　医原病」が隆盛するという（イリッチ1998：39）。

5　イヴァン・イリッチ『生きる思想』ならびに『生きる意味』。

6　他者の問題が、何故、現代思想として前景化されるのかについては、馬頭忠治「柄谷行
　　人の他者論－『～である』と『～する』」参照。

牲者となる。結果、社会は多様性を包摂できずに不平等を構造化し明るさも失っていくのである。

　この制度社会を終焉させるには、弱者など他者と結びつき、他者に責任を負える主体性を新たに身につけなければならなくなる。つまり、他者と向き合うことで自分を知る新しい認識様式を身につけることが必要となる。もはや、主体性を、個人の自立ではなく、誰とでも、共に生き、学び働くことで、ただし合いながら、より自分が自分らしくなる新しい自己認識を手にいれなくてはどうしようもない。これが他者論の主張であり、拓こうとする地平なのである。

　しかも、自らの生と死さえ、個人消費するままだと、結局は病院などの制度的出来事となり、だれかの生と死もきちんと受け止められなくなる。それは、生と死を制度化して人間を家畜のように扱う様式でしかなく、"俺たちは、俺たちが、人間だってことを、わからせたいだけだ"（太田 2023:325）、"俺たちは、心と感情をもった生きた人間なんだ"（同上：578）となってもいく。所詮、人間を消耗品のごとく管理し続け制度に押し込めることなど到底できるものではない。人間は家畜でも奴隷でもアノニマス（無名な人）でもない。人間は新しい自分に目覚めて他者とともに生きるしかないのである。

　地域の学習環境についても、以上と同じようなことが指摘できる。このままでは、親の孤立ばかりか子どもも孤立するが、学校でも、子どもたちは個人の立場を離れて全体に関わるパブリックな関係をつくれず、成績と競争に振りまわされ、普遍的な価値で公約数的な人間として量産されながら孤立する。自分という主体性が歪み、公も、文科省や教育委員会によって示される世界のことだと勘違いする。その結果、子どもたちの集団や社会への馴致能力は高まっても、学習に子どもたちの意思は反映されず、いつまでも人間の生き方は学べない。

　もう少し立ち入って述べると、学校生活では、お互いをよく知ることも、お互いを理解する方法も学ばない。たとえ、グループ学習を導入したとしても、お互いに相手のことを知らないままで、"興味がない、知らない"で終わる。関係を深めないから安心できないし、相手に対しても自分にも自信など持てない。だから、自分を伝えられないし伝えようともしない。そうなれば相手の意見や感情を受け入れられなくなる。そのため、自分を守るために、簡単に相手を攻撃することになるのである（菊池 2013：68-71）。

さらに、つぎのようなことも是非とも考慮されなければならない。すなわち、戦後の秩序が壊れ、社会統合が困難となれば、「隠れたカリキュラム」（教師の指導に従う、その権威を受け入れる、成績や学歴を公認するなど）も成り立たなくなって、学校は、この面から存在根拠や正当性を失う。すなわち、これまでの固有の学校秩序と文化的リソース（価値、規範、知など）を使って、正規の学習カリキュラムとは異なる「隠れたカリキュラム」を内面化してきたが、それが困難になると、教育と労働の接合もうまく行かず、制度や集団の存在を価値づけられなくなる。制度や集団を補完し再生産する手立てを社会は失うのである。学校での、いじめ、不登校、自殺は、学校だけの問題では終わらず、早晩、社会全体を狂わす。

本来、学ぶことで、人間は、自らを表現し他者と交流できる言葉と意思を持ち、より深くつながる。貧困がそれを奪うのなら、学校教育は貧困と向かい合い、それを乗り越える言葉と意思を育てるべきである[7]。家庭や個人の問題にするだけでは、貧困は拡大再生産され収拾がつかなくなる。大阪府立西成高校は、「教育困難校」と言われた現状の改革を「反貧困学習」によって成し遂げようと努力している[8]。だが、この学習は社会化せず、むしろ、貧困は隠され、学ぶ意味を生徒から奪って社会からドロップさせる。

以上、どう見ても、社会が抱える問題は複雑化し深刻になるばかりである。制度疲労を起こし、改革は必至である。しかも、制度の改革では到底、解決につながらない。というのも、新しい制度に改革しても、本質的なことは何も変わらず、ハーバーマスのいう「システムによる生活世界の植民地化」（ハーバーマス 1985）が繰り返されるからである。それは、学校に、格差や利害が、さらには貧困がむき出しの形で持ち込まれて、さまざまな問題が引き起こされる現

7　上間陽子は、沖縄で生活困難の家庭で育ち、虐待と家出や、夜の仕事と援助交際の結果、妊娠してシングルマザーになった女の子たちへの取材から、親が取らなかった責任を子が取らされ、やがて孫やひ孫まで責任を押し付けられていく現実の非情さを浮き彫りにするのみならず、その不条理を背負った女性たちは、それを理解する言葉を持てず、したがって自分に何がおきているのか分からず、ただ耐える生活を招くという。つまり、再出発するには自分の言葉で自分を理解できないとその意欲も出てこないことを明らかにする。上間陽子（著）、岡本尚文（写真）『裸足で逃げる　沖縄の夜の街の少女たち』、上間陽子『海をあげる』。

8　詳しくは、大阪府立西成高等学校『反貧困学習－格差の連鎖を断つために』。なお、私は、この「反貧困学習」の取り組みについてヒアリングを行った（2016年1月30日）。

実を見ても明らかである。

　そのなか、脱制度社会の一つの可能性は、したがって生きる新しい希望は、地域にあると期待するようになるのは自然である。事実、移住者や地域起こし協力隊など、地域に熱い視線を向け、地域への関心を抱く人は増えるばかりである。その理由はさまざまだが、次のことは指摘できよう。

　すなわち、地域は、本来、都市と異なりその全体像が見えやすく、それだけに問題解決に無理なく具体的に取り組める。多様性の包摂も不平等の是正も、ひいては他者との新しい関係づくりも、住民一人ひとりが向き合い、当事者として関与できる。信頼し合うとか、助け合うなど人間の協同する力も身につけやすく、しかも地域には固有の歴史や文化がある。だから、人は、国家による制度や都市的生活様式から自由になって、この地域の可能性を信じ、そこに希望を託そうとさまざまにアソシエートするのである。

　しかも、この関わりの新しい変化は、世界的である。その動向は多様だが、それは大雑把に言って、次のようになる。すなわち、全体像が見えやすく、かつ多くの関係者が当事者として関わって民主的に運営していける地政的領域で、社会的連帯経済 Social and Solidarity Economyを志向する。しかも、その運動は、自らの地域に足場をもち、株主の利益の最大化を目的とする私的利益追求のグローバリズムとは異なる、地域間連携の社会システムを意識してつくろうとする[9]。

9　その一つGSEF（Global Social Economy Forum／世界社会的連帯経済フォーラム）は、2013年にソウル（韓国）でプレ・フォーラムが持たれ、以後2014年ソウル、2016年モントリオール（カナダ）、2018年ビルバオ（スペイン）、2021年メキシコシティ、2023年ダカール（セネガル）で世界大会を開催した。私は、ソウル、モントリオール、ビルバオでのGSEFに参加した。

　社会的連帯経済は、フランスの1905年のアソシエーション法に見られるように、ヨーロッパでは社会的経済（social economy）として以前から取り組まれたものである。また、フランスでは2015年の社会的連帯経済法のように、この名称は普通に使われている。中身は、共済組合、協同組合、保険会社などの他、市民の自発的アソシエーションも含まれるが、80年代のICA（国際協同組合同盟）の協同組合像とは異なり、生産者協同組合やアメリカのワーカーズ・コレクティブのようなコミュニティの形成を外さない。それは、資本主義の勃興期にロバート・オウエンが資本主義から弱者を守るために、労働と生活協同が結びつくコミュニティを形成しようとした歴史があったからであろうし、ヨーロッパの1848年革命後、パリで労働者協同組合がつくられ「友愛と連帯の協同組合」と名乗った歴史もあるからである。

　以上から、私たちは、自らの社会認識を進化させ、他者との関係を人間的範囲で再構築し、生活圏を人間の自然な姿に近づけようとする大きな流れにあることが理解できる。そのなかでこそ、制度依存の生活から住民自治へと大きくシフトさせる歴史が始まっていく。しかも、それは、国家や市場に任せ、制度と商品で生活を成り立たせるのではなく、自らの自治と協同の力で地域の生産と生活を魅力なものに変えることであるが、革命や闘争ではなく、地域の意思となる。そうして、自分と地域を大事にしながら、There is Power in Solidarityといった新しいつながりの精神で自分たちの関係を築こうとする意思が社会の底から胎動し、地域で共有されていく。

　そのように人間は地べたに立ってこそ、社会進化の破れ目が見えてくる。そこに噴き出すものをきちんととらえ、糧にしてこそ、社会の虚像に立ち向かえる。また結果として、地域の学習環境も整えられる。だとするならば、地べたは地域にこそある。今を新人世の人間の自然と歴史への信頼につなげるのは、地域においてなのである。イデオロギーや大思想ではない。

２．制度の限界と住民自治の可能性

　もちろん、普段の生活は制度化され、なかなか変えられない。そこで、この現状を具体的に見ておこう。現実の生活では、勤労し、家庭をもち、子どもを託児所や保育園に預け、学校に通わせ、ごみ処理や下水処理などを行政に依存する。病気をすれば入院となる。老人は介護サービスを受けて生活する。だれもが、何がしかの保険料を負担し、利用料を支払って、サービスを受けることで生活が成り立つ。しかも、私たちは、主権者であるよりは受益者にされる。だからこそ、問題を抱えると、制度を利用するか、それが困難だと一気に自己責任が問われ、自己解決するか我慢するかの選択となってしまう。

　しかしながら、私たちは、いま、そうした自己責任の生活の窮屈さに悩み、その負担と支払いに窮するのが実情である。やはり、私たちは、受益者ではなく主権者として生きたいし、生きるべきだとも思う。だから、だれもが制度に依存する現況を何とか変えたいと、そのオルタナティブを求め出すのである。

　そこで、いま、身近なところで、どんなことが起き、何が問われているのかを確認していきたい。

　鹿児島県南九州市の川辺などで介護事業を展開する中迎聡子は、医療と福祉と在宅が制度的に分離されてそれぞれのサービスを別個に受けるのではなく、一本化してその連携で、その人にとってちょうどいい塩梅の暮らしをつくろうとする。もっと制度から解放されて欲しいと、高齢者の行動制限、生活制限をとことん取り払い、高齢者を世話される存在とは考えず、どこまでも尊厳を守り抜くケアを提供するのである。

　つまり、生きがいや安らぎを薄っぺらなものではなく、自分のできることをできるようになってリスペクトされるケアとして試みる。だから、宅老所、小規模多機能施設、老人ホーム、デイサービス、訪問看護、リハビリ、介護タクシーなどのさまざまな機能を揃え複合的に対応できるようにする。また、一緒になって真剣に議論し実践できる人材を積極的に育成もする[10]。

　さらには、望めば住み慣れた自宅で最期を迎えられるようなケアも提供する。そのためには立ちはだかる制度の壁を乗り越えざるを得ないのであるが、もろともしない。介護保険が使えないとか、在宅医療の専門科クリニックが身近にないとか、それはこの国の社会保障制度の脆弱性そのものなのであるが、それを自力で解決する。

　これと連携してサポートするのが医師・森田洋之である。森田洋之は「医療による生活支配」から脱する医療を目指す。つまり、2019年からのコロナ禍で、過剰にコロナを恐れ、過剰な感染対策を講じ、結局、人との絆や接触を断ち切るような社会となったことを反省し、医療を根本的に変えようとする。

　とりわけ、高齢者医療が、高齢者を病院に収容しベッドに拘束して、投薬や手術で終わる治療ではなく、人との関わりのなかで疾病に向き合い、その人に合った医療をめざす。そのために、患者が自分らしさを見出し、自らの人生を諦めることなく、人と交わりながら生き生きとした生活を堂々と送る権利を取り戻せる医療を提供する。寝たきりをつくるのではなく、予防やリハビリを取り入れ、また介護と綿密に連携しながら、"生きる医療"を地域に提供する（森田 2022）。

　このように、まだまだだが、便利さや利益性さらには行政や制度に寄りかかり依存する生活を何とか変える試みが始まっている。そこでは、制度を利用す

10　中迎聡子『介護戦隊いろ葉レンジャー参上－若者が始めた愛と闘いの宅老所』ならびに『最強のケアチームをつくる－いろ葉の介護は365日が宝探し』。

58

る受益者ではなく、生きる権利者として尊厳される介護や医療がめざされる。そればかりか、理解者や協力者を身近につくり出し、だれもが自分らしい生活を手に入れられるようにして、それがまわりまわって信頼と安心の地域生活を可能にしていく。地域の自治とは、こうした内的な関係ができ、尊厳を循環させることではないかと思われてくる。

　また、制度が疲労し、その改善が困難となると、為政者は、力を保持するために、不安や恐怖を煽って同質性や均質性を求め、異質なものを見つけては弱者を排除するようになる。しかし、住民自治は、それを跳ね返せる。さらには"感動をありがとう"とか"勇気をもらいました"などといった共感を強いる同調圧力、付和雷同の生活も無くしていける。また、そうなってこそ、かつてのごとく、何かを共有して同じ安心感を得ようとする集団主義や同一認識、同一行動といった内向きの地域の共同性がもつその悪弊や恣意性をなくして、地域は旧来の共同体性を払拭できる。

　このように社会制度は、だんだんと、「民族同胞」で、共通の敵をつくって「みんながこう言っている」とか「仲間でしょう」などの親密さを利用して個人の意見を封じる危険なものともなっていく。しかも、制度は、他者への想像力や協同を必要としない都市的な生活様式と「国内植民地化」を自らの条件とし動機とするだけに、ますます多様性と柔軟性に欠け民主主義を成熟させるものではないことを自明にする。つまり、制度によって、私たちは地域から切り離され、根なし草となって国家に統合されてきたのであり、そうした薄っぺらな歴史しかつくれなかったことが白日の下に晒されるのである。

3．地域の構造と新しい地域の学習環境

3-1．地域の構造
　地域生活の見直しは、地域の構造ばかりか、教育、文化の再審となる。いまの地域構造、すなわち都市と農村の関係は、RESAS（Regional Economy Society Analyzing System）という「地域経済分析システム」による「地域経済循環マップ」で掴むことができる。この循環マップは、市町村レベルの自給率を生産と分配と支出の三面等価から見るものである。いかに域外からの分配がないと、地域の生産だけでは、自らの支出はまかなえず構造的に自立できないかが理解

できる。つまり、RESASを見れば、地域の経済循環率＝自給率は一目瞭然となる。徳之島の伊仙町の自給率は57.1％で、ちなみに福岡市は110％で、東京は180％である（resas.go.jp, 2018年2月20日参照）。

　自給率が低いのは、島が自給から交易・交換経済へと切り替わり消費文化が浸透して、長年の地域の生業は立ち行かなくなり、さらには、地元でお金を集めても投下する場面が限られることによる。あくまで投資の実権を持つ中心は東京なのである。

　この点については、2018年11月11日に行った「清水基金プロジェクト報告　徳之島シンポジウム『地域創生と地域共同社会』－合計特殊出生率2.81（伊仙町）の島で」における「地元に残りたくなる地域とは？－本学ゼミ生と志布志高校生との協同プロジェクトの経験を通して」で述べたので（馬頭 2019）、ここでは、もう一つの論点、学校教育の現状について考察する。

　このシンポジウムでは、2017年度から18年度に実施した私のゼミ生と鹿児島県立志布志高校との高大連携事業「地元に残りたくなる地域とは？」の経験で学んだことを紹介した。これをここでも再論することにする。

　この共同プロジェクトは、「高校生の困りごと」を調査研究するものであったが、これを進めていくなかで、高校生は、"困りごと"とは無縁の生活を送っていることが浮き彫りになり、学校生活の何たるかを思い知らされた。

　すなわち、高校生は、学校と家とを往復する生活で、地域や社会が抱えている問題と接点すら持たないで、進学か就職かの進路問題だけが最大の課題となり、「立身出郷」だけを考えて毎日を送っている。高校生にとって、はじめから地元は転出するところで戻ってくるところでは必ずしもない。だから、後述する言葉で言えば、学力は、「村を捨てる学力」となる。しかも、教育が進路に集約するため、地域は教育に積極的に介入できない。そうして、結局、地域は手の施しようがないまま、人口減や高齢化に直面し、地域が衰退するという地域に独自の回路があることを実感させられた。

　そこで、次に、この地域と教育の問題について考えたい。指摘するまでもなく、教育は全国標準で画一的である。学校では、教科書の学習と規律訓練が主で、文科省の学習指導要領に従って、資質とキャリアが判で押したようにつくられる。また、県の教育委員会がその実施を仕切るため、市町村が教育に介入して、地域が独自に"地域を育てる学力"をめざす学習に切り替えることは土

台、できない。しかも、教育を、本来、人生を自分のものにする、その学びと意思を鍛える生きる文化づくりだと捉え直して、地域が教育に介入しようとしても、そもそも地域は、その魅力に欠け、貧しいのが現状である。つまり、高校生が地域に残る選択をするだけの発展性が地域にはない。このため「国内植民地化」は見えない形で温存され明治以来の立身出世主義が根強く残っていく。

　もちろん、教育改革は進められている。高校の学習指導要領（平成29〜31年）は、「生きる力」を育むための「社会に開かれた教育課程」を掲げる。とはいえ、その総合的な学習の時間は、週１時間に限定して実施するのがやっとであるし、全教科を生徒の自主的な探求学習にすることは困難である。また、こども基本法にあるように、学校生活を子どもの意思を反映するものに変えることが求められるが（同法11条）、子どもを指導対象とみなし「良い子」を育てる、そうした教育観から親ともども自由になることは未だ至難である。

　さらには、アマルティア・センの「ケイパビリティ・アプローチ」で、いろいろな資源を活用して人生を再構成し、「生きる力」を生徒に身につけ根づかせようと、学校と地域の連携を強めようとしているが、これも地域の学習環境が全体として変わらないかぎり本格化するとは思えない。できたとしても、その連携の底は浅いものとなろう。

　だとすると、地域を自治することが何より大事となる。何より、自らの地域の誇りや歴史に対する信頼、さらには次世代への期待を育てることなしには、地域生活は魅力的にはならない。少なくとも地域の学習環境は地域で変えられるし、それによって魅力ある地域にできる。そこで、この現実的可能性について、調査した２、３の事例を踏まえて以下、検討する。

3-2. 地域の学習環境と地域文化 −現代組踊「肝高の阿麻和利」−

　まず、沖縄県うるま市勝連町（2005年時、人口13,694人）の現代組踊「肝高（きむたか）の阿麻和利」から学ぶこととする。このため、現代組踊を通じての地域と中学生との関わり合いが新しい地域文化をつくり、地域と地域生活を魅力的なものにしていったその軌跡を辿る。

　この現代組踊[11]への取り組みは、地元の勝連城跡が世界遺産に登録されたの

11　組踊は、音楽・舞踊・台詞で構成される琉球の古典劇で、劇聖・玉城朝薫（たまぐすくちょうくん）が首里城の「踊奉行」として300年前に創作したものである。

を機に[12]、勝連町の人たちがその最後の城主、阿麻和利の史実を掘り起こすことから始まった。それまで琉球王朝の正史や古典様式の組踊では、阿麻和利は、王に反旗を翻した逆賊（悪人）だった。人びとは、自力でその歴史を見直すばかりか、昔は勝連出身と名乗っただけで「逆賊アマンジャラー（悪者）の子孫」と差別されていた汚名・屈辱を返上する「大仕事」につなげたのである。

　つまり、地元で500年もの長い間顧みられることはなかった阿麻和利が、村の平和を愛し尽くした「民草の王」であり、誇るべき按司であったとする歴史に塗り替え、阿麻和利に「肝高」と冠をつけ、その志の高さを現代組踊にして表現した。中学生7人が地元の勝連城で披露したのがその始まりで2000年のことだった。

　実は、現代組踊にしようと発案したのは、当時の教育長、上江洲安吉であった（上江洲他 2011）。それは、勝連町はうるま市13町村のなかで学力が低く、社会を担う人間としてある程度の基礎学力をつけ、劣等感などの心の問題を少しでも解決してやりたいという思いがあってのことだという。参加する子どもたちの3分の1は片親家庭で、3分の1は不登校や引きこもりであって、しかも、自分たちの住む場所に誇りすら持っていなかった（千葉 2008：12）。

　このように、現代組踊は、上江洲安吉教育長の「子どもたちに居場所と感動を与えたい」との強い思いから、青少年人材育成を目的とする勝連町教育委員会の事業として始まった。何とか予算をとり、『琉球王国衰亡史』の著者嶋津与志が脚本を書き、南島詩人平田大一が、演出を担当し中学生をまとめて作品にするまでを担当した。さらには、2001年には「きむたかホール」（初代館長平田大一）が開館され、継続して上演できる体制が整えられた。ここからも勝連町が本気で取り組んだことが理解できる。

　平田大一の言葉を借りれば、この軌跡はこうなる。すなわち、始めは、「最初のうちは及び腰だった子供たちも、はりついていた壁から離れ、交じり合って時を過ごすようになった。そのうち『ここにくればなんだか楽しい』と感じた子供の口コミで、参加者が増えていった」（同上：14）のが実情であった。そのため、初演はさんざんとなった。だが、「これまでろくろく稽古もせずに遊んでばかりいたので、舞台はボロボロです。ですが、子供たちが失敗するたびに会

12　勝連城跡のほか、首里城などが「琉球王国のグスク及び関連資産群」としてユネスコ世界遺産に登録された。

62

場からドッと笑いが起こりました。『しんこう（心配するな）！』『なんくる、なんくる（大丈夫、大丈夫）！』。よく見ると、猛反対していた親や教師が舞台の前に陣取り、子供たちに声援を送っていたのです」となった[13]。

さらに、事態は大きく動く。「観ている大人たちが泣いたり、万歳をしたりしていることが子供たちにも伝わったんです。異様なほどの拍手でしたからね。この拍手をもらった子供たちも泣いて、教育委員会の人たちも泣いて（笑）。終わってみれば、最初は七人しかいなかった子供たちが『これで終わりにしないで』『またやりたい』って言ってきたんです」。これは、後に、「肝高の阿麻和利」を企画・運営する「あまわり浪漫の会」の会長となる長谷川静博の談であるが（千葉 2008：14）、変わったきっかけや力が何であったかがここからも理解できる。

ともあれ、子どもたちは初演をやり切り、そこでの感動体験が再演へと熱い想いを馳せるようになる。しかも、子どもたちのやる気と自信、さらには地域への思いは日増しに強まるばかりとなった。4年目から、父母を中心とした組織「あまわり浪漫の会」ができ支援するようになって、地域を巻き込みながらの公演となった。

そして、ついに現代組踊「肝高の阿麻和利」は、2005年、「子ども達の感動体験の場づくりとふるさと再発見」、「子どもと大人の協同参画による町づくり」と評価され、財団法人「あしたの日本を創る協会」より「ふるさとづくり賞　内閣官房長官賞」が授与される。これにより、この自主事業は、内外からの注目を集める。沖縄県の浦添市、石垣市、金武町、那覇市、さらには大阪狭山市などと相互交流するようになる。海外公演もするし、八重山では「オヤケアカハチ」が、金武町では「當山久三ロマン」が、浦添市では「太陽（ティダ）の王子」がそれぞれの地で演じられるようになった。

この自主事業は、鹿児島にも伝えられる。鹿屋市の自主文化活動の一つ、高校生ミュージカル「ヒメとヒコ－ある王の物語－」につながる。演出家松永太郎は、この活動を10年以上にわたって支え指導する。その成果は、このミュージカルの最後のセリフ"大隅、大好き"がすべてを物語る[14]。

13　この発言は、以下に記載されたもの。講演録・平田大一「沖縄県うるま市の中高校生がつくる奇跡の舞台－肝高の阿麻和利」。

14　2018年2月11日、現地視察。

　なぜ、「肝高の阿麻和利」が賞賛され社会に受け入れられるのか。この点について考察することは必要である。もちろん、正史の見直しも見逃せないが、指摘すべきは、観る者を感動させるほど完成度が高いことである。鑑賞したすべての人は、中高生の舞台とはいえ、歌も踊りも演奏も非常に完成度が高くてびっくりする。また、地域は自らの文化や伝統の灯がなければ、味気のない土地となるばかりとなるが、それを一気に払拭できた。

　感動は、演出家・平田大一が最も心掛けたことである。平田大一は、その経験から舞台は、「『人づくりの種』という名の『感動体験』である」とし、その「『感動体験』という『種』は『芽吹き』やがて『大樹』となる。この『芽吹き』始めた種たちをどう育んでいくか、その育む場づくりが、一番の関心事である」とその極意を披瀝する（平田 2008：14）。

　そして、平田は「マチを知り、そこに誇りを持つ。すなわちそれは、自分自身を肯定することなのだ」（同上：150）と断言する。それは、正史を見直し、時間をかけて地域ぐるみで現代組踊にすることが、子どもたちが自己肯定感を高め、生きる意欲、学ぼうとする気持ち、人と関わろうとする姿勢につながったことを踏まえてのことである。だから、他のところで上演があると、「チームリーダーが率先して応援に行き、裏方を務める。他の地域の人が舞台を積極的にサポートすることで新しい人と人のつながりができた」（同上：190）となる。

　もちろん、感心させられるのは、舞台の完成度だけではない。チケット販売から当日の受付、舞台終了後の接遇までを自らで行う、その姿にも感心させられる。主演の子どもたちだけでなく、脇役、群舞、裏方まで自分の役割をきちんと自覚して、そのときの最高の力を出そうとする。だから、彼ら彼女らの表情も態度が、心からやりたいことに打ち込むことで滲みでる高揚感や内的なエネルギーで満ちる。

　私は練習風景も見学したが、学校や部活があるなか、週2回、夕方6時から9時までの高校生のキッズ・リーダーの指導のもと、舞台挨拶、舞踊、棒術、歌と役などを練習するのだが、それすら見応えがあった。

　さらに、「肝高の阿麻和利」は、その前史、その捨てられた境遇から異国の地である明で成長し首里に戻ってくるまでの阿麻和利の半生を物語にした「かっちんカナー」や肝高の阿麻和利の妻、百十踏揚（ももとふみあがり）の生涯を辿る現代組踊へとつながっていく。どちらも、2017年11月に鑑賞できた。

　ここまでに育ったのであるから、「肝高の阿麻和利」は地元の人の誇りとなり、勝連町が、2004年に「肝高っ子の町宣言」を出すことも頷ける。子どもたちが、自分たちが学んだことを次の時代にちゃんと伝える役目をはたす志のある町と宣言し記念碑を立てた。「肝高の阿麻和利」は町を変えたのである。

　以上のように、自らを卑下し自信のなく、正史からも大都市やマジョリティの社会からも零れ落ちる小さきものが、自らの本当の史実を知り、その誇りを現代組踊にして、演じるものも鑑賞するものも感動でつなぐ。そうした「大仕事」を成し遂げたからこそ、子どもも大人もさらには地域も変わったのである。

　確かに、歴史に埋もれた小さき声をすくいとることは決してたやすいことではない。むしろ、あるイメージを縛りつけ歪めてしまうことにもなる。さらには単なる正史の圧制や虚構の批判で終わることもあろう。だが、そうならなかった。地域の生きる力を生んだ。それは、日常を支配する常識と正史を自らで覆す、しかも、できないと思われてきたことをみんなでできるようになる、そうした「大仕事」を地域ぐるみでできたからこそ、である。

　何より、子どもたちは、正史を鵜呑みにするのではなく、自分たちが自らの歴史の主人公となって舞台で演じることで、過去を他人事で済ませるのではなく、まさしく主体として自分たちの過去に向き合えたのである。しかも、時の為政者たちが専有した自分たちを支配した歴史を塗り替えた。このことは強調してもし過ぎることはない。歴史とは、"名もなき民"が、"声なき声"で二度と巻き戻せない信頼の時間にしていくことだと教えられる。

　こうして現代組踊は、「きむたかメソッド」となって地域に溶け込んだ。それは、「おらが村が一番」といった悪しき地域主義や「ニッポン万歳！」といった類いの似非ナショナリズムとは異なる本物の精神を芽生えさせた。これができてこそ、地域を捨てざるを得ない貧困から抜け出していく地域力が生まれる。それは、地べたに立つからこそであり、そこから社会抑圧の破れ目が見え、そこに噴き出すもので地域をまとめることができたからこそである。

　初演から現在（2019年）までに、公演回数316回、観客動員数18万人を超える。それを支える、全国16カ所に広がる「現代版組踊推進協議会」（2014年）も結成される。そのなかで、公演を支えてきた有限責任中間法人「TAOfactory」は、沖縄のコンテンツ産業へと育っていく。だから、これを率いてきた平田大一は、沖縄を観光立国ではなく文化立国にすることは可能だと宣言もする。

　以上から言えることは、地域は、正史とされるものから自由になり、しかも、大都市やマジョリティの価値からも抜け出せる力を人びとに授けることができるということである。さらには、これまでの市場の取引によってどれだけ経済成果を生むのか、そのために個人がどれだけ卓越した競争力を身につけるのか、といったフロー経済とその価値観からも、人びとを自由にできる。その力で、地域は、個人の利益のために他者を犠牲にする個人主義を克服し、学校教育の制度的な束縛をなくし、同調圧力や地域主義や似非ナショナリズムとも無縁の地域のオリジナルな文化を育てることも可能となる。

　そして、地域の子どもから大人までの多世代が意識的に自由に関わりながら、「ものづくり」から「生活づくり」（玉野井芳郎）へと大きくシフトできる。それは、都市と農村の関係を変え、「国内植民地化」を脱する住民自治につながる。恐らく、宮本常一が想起したように、また、「海士町複業協同組合」（後述）のように、地域のさまざまな生業や事業（農業、漁業、林業なども含め）を地域産業として開発することで、村を同業者集団としての地域共同体ではなく、事業を個人から切り離して、いろいろな事業に従事する人びとの共同生活の場となるように生産と生活を共同自治して、地域を集団化していけるようにもなろう（宮本 1982：56）。

3-3.　教育と地域の学習環境づくり－演劇の力－

　「ものづくり」から「生活づくり」への転換は、現代組踊や演劇などのアートの力を借りてこそ可能となる[15]。また、この可能性を踏まえると、学校と地域とが分断され、学ぶものが地域の担い手として育てられない学校教育の見直しは、決して疎かにできない地域のテーマであることが容易に理解されてくる。

　本来、教育学者パウロ・フレイレが強調するように、生徒自身は学びで世界を変革できるという希望を持てる。だからこそ、ただありのままを受けいれられるようにするだけの教育は変えるべきなのである。しかも、「何かを教えてあげる」という「銀行型教育」は、知識を持っている人が持っていない人に教えることでしかなく、啓蒙的だが人を無化する。そうではなく、人が人間になるには、世界から自分を分離し、世界を対象にし、自らの活動から自分を切り離

15　この点については、馬頭忠治「台湾のコミュニティ・リノベーションとアートマネジメント－新しい社会的価値の現代的創出」。

すことができなくてはならない。それは、自分と世界、自らと他者の関係の内
に自分を捉えて、自分を超えてこそ世界を変革できる人間となるからである（フ
レイレ 2018：196）。

　こうした自らを世界から切り離して他者の内に自らを捉える力を身につける
上で、演劇の力は決定的である。というのも、演劇は総合芸術と言われ、身体
を鍛えて声を出す、歌う、踊り舞う、台本を読み台詞を吐く、役に成りきるこ
とで、自分と切り離して、その人に成りきるからである。だから、その生身の
演技と息遣いが、それを観るものとのかけがえのない時間と空間を共有させ一
つのドラマを生み、役者は役者となって人間を掴み直す。そして、人間は変わ
れることを教える。

　「肝高の阿麻和利」もそうであるが、兵庫県豊岡市は、「小さな世界都市」の
実現のために演劇をまちづくりに活用し、地域を変えていこうとする。2014年
に、城崎国際アートセンターをオープンさせ、世界から演劇人などが滞在して
劇作や舞台稽古に打ち込むようになる。2019年には、平田オリザとその劇団「青
年団」が移住する。2020年には「豊岡演劇祭」が始まる。2021年には、「芸術文
化観光専門職大学」（平田オリザ学長）が豊岡市に開設される。この間、小中学
校では、演劇を体験する出張授業などが行われ、演劇がまちを静かに着実に変
え学校を変えた[16]。だが、これ以上のことは、豊岡市前市長・中貝宗治の『なぜ
豊岡は世界に注目されるのか』で掴んでいただくしかない。

4．学校の魅力化と地域の図書館

4-1．地域を捨てる学力と地域を育てる学力

　教育（論）は大きく変わりつつある。学校教育は、「社会に開かれた教育課
程」ばかりか、一斉授業から協同学習へと転換されている。教師の説明と発問
による生徒に対する一方的な授業ではなく、社会の生きた文脈で生起する問題
に触れ、受け止め、対応していく能動的な学びが必要であることが理解される
ようになった。

　「協同学習」や「アクティブラーニング」がそれである。これは、生徒が学習

16　2019年9月17〜18日と2020年1月19〜20日の豊岡市の現地調査。

主体となり、教師は支援者となることを目指す。したがって、学びは、標準テキストのもとでの練習（復習と予習）と記憶による個人能力の開発ではなく、意味や価値さらには関係の創出となるように工夫される。だから、対話による協同実践も重ねられる。

　だが、先に指摘したとおり、学校が抱える問題は、こうした学習方法あるいは学習プログラムを変えることでは解決されない。というのも、地域を育てる学力、地域力や地域知の形成が問われているからである。それは、現代組踊からも容易に理解できる。

　つまり、学びが、地域を変える力を地域に授けるかどうかである。学びが変われば、あらゆる活動のディシプリンも変わる。だから、地域は、子どもたちをどう位置づけ、どう学ばせるかで、地域が変わるのである。しかも、それは地域の文化となる[17]。だとしたら、地域は積極的に教育に介入すべきであり、そうしてこそ、子どもを家庭や地域の手に取り戻せる。

　この点については、次節の明石市の「こどもを核としたまちづくり」に関連して述べるとして、ここでは、戦後間もない頃、地方で子どもたちにどういう教育をすべきかを掘り下げた東井義雄の教育実践について振り返る。東井の「村を捨てる学力」と「村を育てる学力」論は、これからの地域教育や地域の学習環境を論じていく上で不可欠である。

　東井義雄は、1912年に兵庫県出石郡に生まれ、72年に、同県八鹿小学校校長を最後に、教員生活40年を終え、その間、「ペスタロッチ賞」（広島大学）、「平和文化賞」（神戸新聞）、「小砂丘忠義賞」（日本作文の会）、「教育功労賞」（文部省）を受賞している。

　何より、刮目すべきは、東井義雄は、普遍的な価値からなる教科書をそのまま教授する教育では、子どもたちは「村を捨てる学力」しか身につかず、「村を育てる学力」とはならないことを看守し、教育実践を重ねたことである。子どもたちが村の生活を通して、その普遍的価値を消化し学力につなげる、地域ならではの教育はどうあるべきかを問うた。それは、生活綴り方運動を踏まえた作文づくりと教室づくりとなったが、ここで詳しく検討はできない。ただ、次のようなことだけは紹介しておきたい。

17　こうした学びのプロセスについては、馬頭忠治「学びのプロセスとしての協働－共同過程論序説」。

　当時の地方の教育現場は次のようだった。東井義雄はこの点について次のように述べている。少し長くはなるが、労を厭わず、引用する。

　すなわち、「村の子どもの学力は、都市の子どもの学力に比して劣っている、それをそうさせるようないろいろの条件が村にはあるからだが、その悪条件を、できるだけ除去して、都市の子どもとの差をなくしていくことこそ、村の教師は念願すべきだ」というのが、当時は普通だったという。また、同じことであるが、「村の子どもの学力のおくれを無くすためには、村の都市化を念願すべきだ…（略）…せめて、村のおとなや子どもの意識の停滞性、閉鎖性をなくし、意識の都市化を念願すべきだ。…（略）…村の子どもには、進学・就職の希望を持たせ、村の空は、そのまま都市の空につづいている、という意識を育てるべきだ…」といった考えが常識でもあった（東井［1957］2010：171-172）。こうした意識は、現代でもさほど変わっておらず、その指摘は異論のないところだろう。

　東井義雄の優れたところは、教科による学力は普遍的な価値を持つとはいえ、その価値は、子どもたちの生活を通してはじめて消化されるのであって、そのままでは、「地域を捨てる学力」となってしまいかねないとした慧眼にある。

　確かに、普遍的な価値は影響力を持つが、子供たちは、その価値をどうにでも消化してしまう。しかも、村の子どもの生活には地域的特質がある。生活は狭く、貧しく、村の停滞性や保守的傾向もあって、「向上心のない」雰囲気を作り出している。だから、「ひがみ心の強いものは、どのように美しい親切も、ひがんで受けとってしまうだろうし、素直な生き方をしているものは、悪意さえ善意にうけとっていく」となる（同上：171-172）。

　このため、普遍的価値の学習では、「村を育てる学力」にはならず、むしろ「村を捨てる学力」になって、進学・就職の問題に収斂される。「村は、愛することができないほど、暗く、貧しい。しかし、それがそうであればあるほど、それは、何とかせねばならぬ。『愛』が注がれねばならぬ」（同上：173）と東井義雄は、教育の神髄を問う。そして、「『土』への『愛』」を学力として身につけさせ、自らの「生きがい」を見つける学びを子どもたちに授ける授業を探求することになったのである（同上：173-174）。

　具体的には、生活を作文し、生きがいのクラスづくりとなったが、ここでは作文による学びを紹介しておく。

　「作文は、感じたこと、思ったこと、考えたこと、したこと、いいかえると『生活』を、一人一人が大じにし、育てていくようにするためにも、一人一人の生活を、教師が大じにしてやる上にも、子どもたちおたがいが、おたがいの生活を大じにし、みがき合うためにも、またとない、いいものなのである。愛する子どもたちの『おやおや』というおどろきや、『はてな』という疑問や、よろこびや、かなしみ、なやみ、その中から出てきた行動、それらみんなを、粗末にせず、自分で大じにさせ、みんなで大じにし合わせるのに、こんないいものはまたとないのである」とその狙いと効果を述べる（東井［1957］2010：191）。

　やはり、学校の学習は、普遍な知を習得するだけでは、「地域を捨てる学力」になるし、黒板とテキストと試験だけでは教室は魅力ある場とならない。学びは、地域を知り「土」への「愛」を育てることと一体となってはじめて「村を育てる学力」を子どもは手にできる。

　だとすると、地域は、学校と教科書で学びを成り立たせるのではなく、まずもって、地域を知りいろいろな世界を理解する学習環境が整えられるべきなのである。そうしてこそ、普遍的知を十分に活用できる。逆に、世界が学校の学習の中で完結してしまうと、本当の自分が見えず、何がしたいのかも決められなくなる。

4-2. 学校の魅力化

　ここで、地域の学習環境をどうつくるのかという問題を深めるために、島根県の離島、隠岐の島海士町の「高校の魅力化」と「ないものはない」という地域づくりを見ることが好便となり、紹介したいが、紙幅の関係からできない[18]。

　ただ、2009年度に策定された「隠岐島前高等学校魅力化構想」で島がどう変わったかを簡単に見ておきたい。まず、島留学が増え県外進学が減るなどして、在籍者数は、2008年89人が2017年には184人となり、また人口の社会増減も、教育移住やUターンなどで、1997〜2006年でマイナス21人が2007〜2016年にはプラス85人に反転した。それほど島は大きく変わった。

　なかでも、『流学日記−20の国を流れたハタチの学生−』（文芸社、2003年）の著書をもつ岩本悠などが、島に移住し、「魅力化コーディネーター」となり、

18　2017年11月1〜2日、現地調査。

町立の塾「隠岐國学習センター」で高校生たちと向き合い交流するようになったことは決定的であった。それは、志布志高校で見たような学校と家の往復という高校生の生活を一変させたからである。高校生の第三の居場所ができ、そこでこれまでとは違う世界を知り学んでいく。そして、使命感をもって熱心に学び、自らの未来を信じるようになっていった。こうした変化があって、島あげての高校の魅力化へとつながったのである。

この魅力化で、2004年から2011年の8年間には310人のIターン〈移住者〉、173人のUターン〈帰郷者〉が生まれ、島の全人口の20%を占め、新しい挑戦をしたい若者たちをも惹きつけるようにもなった（阿部他 2012）。

さらに、こうした変化のなか、海士町が「島まるごと図書館」にも取り組むのは、ある意味、自然である。"図書館のない島"というハンディキャップを逆に活かし、島の学校（保育園〜高校）を中心に地区公民館や港、さらには診療所やホテルなど人が集まる既存施設を図書館分館と位置づけ整備し、それらをネットワーク化することで、島全体を一つの「図書館」とする。

さらに、もう一点、新しい地域事業を可能にする新しい手法として、事業者協同組合の利用を促進するようになった。「海士町複業協同組合」をつくり、冬の水産業にはじまり、春は人材育成、学習支援業、夏は飲食店・宿泊業、秋は食品加工業といった季節ごとの多様な仕事を組み合わせて、マルチワーカーが通年で働く場を提供する、新しい地域の働き方を可能にしている（総務省自治行政局地域力創造グループ地域振興室 2021）。こうして、島で普通であった出稼ぎや離村も、さらには「立身出郷」も無くなり、むしろ島外から人を集める島になった。

5．地域づくりと図書館

地域のために地域のことを考え、地域に関わる人を育てる上で、現代組踊や演劇と同様、図書館、あるいは本は、大きな力を発揮する。海士町のような地域まるごと図書館は、長野県の小布施町でも、さらには北海道恵庭市や四国香川県の琴平町、兵庫県明石市でも行われている。ここでは、明石市の本を大切にしたまちづくりについて考察する。

明石市は、「まちなか図書館」をはじめ、本と子どもの成長を意識的に結びつ

けた政策を展開する[19]。それは、明石市の泉房穂元市長（在住2011〜23年）の「すべての子どもたちをまちのみんなで本気で応援すればまちのみんなが幸せになる」（泉 2020：3）という地域づくりによる。

　泉房穂の地域づくりは、都市開発や経済成長に主軸をおかない。それは、衣笠哲市長（在任1971〜83年）の「人間優先の住みがいのあるコミュニティづくり」を継承し、さらに市の「コミュニティ元年」の宣言（1975年）や「協働のまちづくり宣言」（2006年）、「明石市自治基本条例」の施行（2010年）などの前史があってのことである。この上で、泉房穂は、「こどもを核としたまちづくり」（同上：27）、同じことだが「やさしい社会を明石から」を掲げ、だれもが暮らしやすいまちづくりを進める。

　それは、また、自身の生活経験とそのなかで体得した哲学があってのことだと推測されるが、多くは語られていない。泉房穂は、明石の漁村生まれで、知的障害をもつ弟がいて、村共同体のセーフティネットがまだ残っていて寛容なインクルーシブな村の恩恵を受けて育ったことも影響していることは間違いないと思われる。また、大学卒業後、NHKに入局し、その後、石井紘基国会議員の秘書、弁護士、衆議院議員となったことや、市長になってからも社会福祉士、手話検定2級を取得したことなどからも、使命感や"やりたいこと"が推測できる。

　私が、最も注目するのは、泉房穂自身の標準家庭の捉え方である。それは「お父さんは収入不安定で、たまに暴力。お母さんはパートを打ち切られ、心を病みかけ。子どもは不登校がちで、しかもネグレクト状態。家の奥にはおばあさんが半分寝たきり。生活費として借りたサラ金の返済に追われ、生活困窮」（同上：162）というものである。

　このサイレントマジョリティの声を積極的に拾い、市のニーズとして捉え、本気で応援する。誰しも、予期せぬアクシデントに出くわし、少数者となり、支えが必要となるときが必ず来るのであるから、支援を必要とする人（もちろん、高齢者、障害者、無戸籍者、犯罪被害者も含めて）を、必要なときに支援することを原則とするのが政治のベストであることは言うまでもない。

　さらにもう一点、泉房穂には「日本ほど子どもに冷たい国はない」（同上：

19　明石市の取り組みについての調査は、2023年の10月20日に行った。とくに明石コミュニティ創造協会には大変、お世話になった。記して感謝申し上げる。

74）という認識がある。これは是非とも、取り上げるべき論点である。そもそも、子どもは、何らかの支援なくしては生きていけない存在である。しかも、今の多くの親たちは生活に窮し余裕がない。だからこそ、まちづくりは、子育てを家庭の中だけで完結させるのではなく、まちをあげて、しっかりと子どもを育てることが不可欠になる（泉2020：57）。また、そうして子どもを全力で支援することを納税者に対する自治体の責務にするのは、将来を見据えた、子や孫の世代にも責任を持つ社会づくりにつながる。しかも、子育てを政治の最優先課題とすることで、地域生活の安心や信頼をつくるばかりか、「子どもに冷たい国」という汚名を返上する政治を明石から始めようと呼びかけ、市民を地域のイノベーターにしていく。

　明石市は、泉房穂市長就任後、子どもに関する予算を2倍にし、子どもを担当する職員数を3倍に増やし（39人→103人）、独自に児童相談所も開所した（同上：4）。その結果として、明石市は、6年連続の定住人口と交流人口増（2012〜2019年）、4年連続の出生数増となった。税収も貯金も増え、中心市街地への来街者数は2倍となり、マイホームの購入も増えるなど地域経済も潤うようになった（同上：16-23）[20]。

　なかでも、「子ども」と「本」の拠点づくりは特筆に値する。その凡そのところを紹介する。まず、明石駅前ビルというまちの一等地の再開発から紹介していきたい。

　以前は、住宅と複合施設（パチンコ屋、ゲームセンター、店舗など）を一体的に整備する計画であったものを、市民アンケートを踏まえて、図書館と子育て支援施設、そして市サービスの総合窓口のある施設に一変した。そのことで国の補助金も増え当初の予算を30億円も軽減でき、そのお金で、良書や大型遊具を揃え、魅力ある施設へとつなげた（同上：19）。

　これにより、まちの空気が大きく変わった。「あかしこども広場（親子交流スペースハレハレ）」という無料の子ども・子育て施設や子育て健康センター（母

20　宮崎県都城市も移住者を増やす。2022年度で435人、2023年7月時点までで439人と前年度を超えた。移住応援給付金に加え、保育料、子ども医療費、さらには妊産婦の検診費用の無償化が奏功したと言われる（『南日本新聞』2023年8月30日付）。また、都城市立図書館、隣接する子育て支援施設、保健センターも次世代づくりのキーステーションとなっている。なかでも図書館は2018年、中心市街地リノベーションの中核施設として、旧百貨店の跡地に建てられた。その特色については、中島彩（2020）を参照のこと。

子検診などを行う施設で、ここにも子ども本が配架）が配置され、さらに市民
図書館ができた。それは、「人口30万人」「赤ちゃん３千人（年出生数）」「本の
貸出冊数300万冊」という市のまちづくりの一環として取り組まれた。しかも、
「同じビルの２階には、大型民間書店のジュンク堂書店に入ってもらい、同じ建
物に官民の本の拠点がセットでそろうようにしました」とビル全体が本の空間
になり、手を伸ばせばどこにでも本があるというコンセプトの駅前ビルができ
たのである（泉 2020：129）。

　市民図書館は、その再開発ビルの４階につくられ、蔵書は、旧市立図書館の
２倍、座席数は３倍、一般書エリアの面積は４倍に拡張された。市民図書館は
60万冊、ジュンク堂書店は約40万冊で、相互連携によりお互いに検索ができ、
よく読まれている本の情報を共有するほか、司書などの図書館員が「声をかけ
る図書館」にし、郷土資料も一般書のエリアに設置する。しかも、他の施設と
の相乗効果で、とりわけ子ども連れの若い親の世代が、毎日大勢集まる流れが
できたという。

　さらに、「手を伸ばせば本に届くまち」をめざし移動図書館の拡充も図った。
2018年には新たに２台増やした（めぐりん3,000冊搭載、くるりん500冊搭載）。
訪問先も35カ所から77カ所に増やし、病院や高齢者施設、こども食堂にも出向
く（同上：135）。

　2022年４月からは、「まちなか図書館」として、民間の病院や診療所、銀行、
郵便局などの待合スペースに本棚を置いてもらい、そこにお勧めの本などを並
べる事業を展開する。明石エリアに19カ所、西明石エリアに11カ所、大久保エ
リアに16カ所、魚見・二見エリアに19カ所のブックスポットがあり、少ない所
で100冊が、多い所では、あかし子育て支援センター（こども図書館）には9,500
冊が、衣川コミュニティセンターには6,000冊が配架される（明石市 2022）。

　補足すれば、先に紹介した子育て健康センターでは、４カ月児検診時には、
すべての乳児に絵本と読み聞かせ体験をプレゼントする「ブックファースト」
を実施する。また、３歳児検診時には、図書館司書などによる絵本相談と絵本
をプレゼントする「ブックセカンド」に取り組む。さらには、絵本をきっかけ
に、乳幼児、保護者などが共に育み合う環境をつくり、保育の質を向上するた
めに、明石市オリジナルの「あかし保育絵本士」という資格制度を採り入れる。
就学前の子どもたちに対しては、「一枚の絵感動大賞」という印象的なシーンを

描く絵のコンテストを実施し、学生には「本の帯感動大賞」を設ける。この賞は、自分が読んだ本で他の子にも読んでほしいお勧めの本をキャッチコピーやイラストで表現した帯を公募しコンクールで決めていく。もちろん、学校では日頃から本に親しめるように工夫するが、こうしたことを着実に推進していくために、司書経験のある専門職を全国公募し採用する（泉 2020：136-138）。

そればかりではない。複合型交流拠点「ウィズあかし」の８階には「つながる本棚　hito-haco」が設けられている。これは一箱単位で本棚を借りて自分のお勧めの本を置くもので、本を通じて自分らしさを表現できるようになっている[21]。

このように、明石市の「本のまち」づくりは、本気である。しかも、慧眼なのは、人が生活に窮し、本を買う余裕が無いからこそ、そのしわ寄せを一番弱い立場の子どもに押しつけるのではなく、行政が子どもにお金をかけることである。「お金がない今こそ、みんなの税金を預かっている『公』が本を買い、『公』が買った良い本や良書を、みんなに届ける。これこそ行政の大切な役割であり、公共図書館の重要な存在意義でもあります」（同上：139-140）と言い切る。

さらに、泉房穂は、「本のまち」によって新しい公とそのプラットフォームが創出されていくことについて次のように述べる。それは、本が、新しい地域の息吹をもたらし、多世代をつなぐことをよく知る人ならではの発言である。すなわち、「本は自分以外からの他者に思いを巡らし、他人の気持ちを慮るやさしい心を育み、豊かな、生きる力を与えてくれます。…（略）…本の必要性は一層高まっていると思います。本はまさに想像力であり、勇気の源です。そんな本の世界が本当に大好きで、いつか市長になって明石を本のまちにすることを夢見てきました。『本のまちづくり』を実現するために市長になった、と言ってもいいほどです」（同上：128）とその心情を吐露する。

地域の図書館と本は、地域のことを本気で考える人を育てるまちづくりと

21　このスタイルは、本稿の脚注１で触れたように、鹿児島の大隅半島で農福連携などに携わるNPO法人「たがやす」の「みんなの図書館『本と一筆』」をはじめ多くのところで取り組まれている。私設の一箱オーナー制は、焼津駅前の商店街につくられた「みんなの図書館さんかく（運営：一般社団法人トリナス）」がはじめたとされている。大阪市阿倍野区の「みつばち古書部」（2017年７月オープン）は、本箱一箱ごとに出店者を募り日替わりで店番をまかせるシェア型書店となっている。形態は多様である。

なって、新しい公を地域に埋め込み、安心や信頼のコモンづくりへとつながっていく。言い換えれば、まちじゅう図書館へとその構想が広がることで、本が地域のソーシャルキャピタルとなる。本を介して、子どもと親と地域を結びつけ新しい地域の歴史の礎となっていくのである。

おわりに－経済大国から読書大国へ－

　現代は、歴史への信頼を取り戻すことなしには前に進まなくなっている。指摘するまでもなく、それは、何より、人間は、自然のなかから生まれながらも、生み出した自然の秩序とは異なる秩序をつくってきたが、その文明が、いまや人間自身を脅し破壊するようになったためである。私たちは、改めて自然の存在としての人間を深く捉え直さなければならない。さらには、行政であれ、司法や企業、教育であれ、およそ制度は硬直するばかりで、そのため、厳しい規則を押しつけ、指示と命令を繰り返し、その都度、排除され、淘汰される人を生むようになったためである。ますます限りのない虚脱感や自暴自棄を人びとに抱かせる。そうであるからこそ、私たちは、そうあってはならないといった人間感覚を覚醒させ、今の破局から人間を引き戻し、西洋文明や科学技術の世界ではなく、いのちと土の文化をつくる気運を十分に高めなければならない。また、生物の知覚が相互に作用しあう環世界も大切になる。このままでは、人間は、人間の自然と人間の関係を取り戻さないと、人間の歴史を失い、記憶と学びのない生物になりかねない。人間はそもそも働き消費するだけの存在ではない。

　そのためには、これは決してたやすいことではないが、正史から零れ落ちる小さな声をすくいとることである。すぐに結果だけを求めないで、そこから生きる希望の歴史を創造することである。だからこそ、十分な学習環境がなければならない。何より、自分が住む地域について知りたい、分かりたいという自然な感情を育て、その土地への誇りや愛着を本気で作り上げ、自らの歴史への信頼を取り戻すことが先決となる。そうした学習環境でこそ、自らが自らを意識し、人間の世界が見え、人間の生死を受け止めながら、共に学び、だれもが多世代と関わり次世代が育つ。民主主義も成熟する。

　さらには、未来を自分たちの想像力とつながりの精神で出現できれば、近代

76

西洋の価値観（個人主義と競争）と同じである必要からも解放され、自然の力と「民度」で地域は自治できる。

そうしてこそ、だれもが未来の子ども世代に対し最善を尽くしたと胸を張れる地域生活を根づかせうる。共に歴史を体験することは、本を読むことでもできる。読書で自分と出会うし、本は、私の中にいる子どもが何をすればいいのかを諭す。本の中では子どもが主人公になっている。子どもは、大人たちを見つめ、太いパイプでつなぐ。筋も通す。ちゃんと一人前の男となり女になろうと胸を張っている。だから、読者のだれもが明るくなるし、その火は消えることはない。子どもは中心的存在であり、読者を、地域に潜む底力とその歴史に目覚めさせる。さらに、経済と道徳がともに補い合う「経世済民」の日本思想にも学びながら、地域をいろいろな事業に従事する人びととの共同の場にすることもできよう。

そうした結果、住民自治は地域の自立に向かう。日常にも災害時などの非日常にもどちらにも対応できる地域主権を育て、外部の支援・援助に依存する弱さ、脆さを克服できるようになろう。

この可能性を支えるのは、地域の人びとであるが、それは地域に図書館や公文書館があってのことである。この点は十分に考察できなかったが、これからは、地域のアーカイブとアーキビストが、地域の学習環境や自然との共生の上でも、文化財の収蔵の上でも、人づくりの上でも、決定的な役割を果たせるようにすべきである[22]。地域の記憶と記録を欠いては、歴史はつくられず、いかなる地域づくりも、次々と手を変え、品を変える類いの地域活性化にしかならない。

しかも、国家が図書館や公民館、博物館に投じる国家資本は、2021年度の予

22　兵庫県尼崎市は、神奈川県藤沢市に次いで市立公文書館「地域研究史料館」を1975年に設置する。ここの紀要『地域史研究』は、1巻1号が1971年10月に発刊された。現在は、文化財行政を所管する文化財収蔵庫を統合して尼崎市立歴史博物館として開館する（2023年9月17日訪問）。また、京都市の学校歴史博物館は、明治になって国家が全国各地に小学校を設置する以前に、市中に64の番組小学校を誕生させたその歴史を数々の資料とともに展示する。幕末の大混乱からの復興期にあって、京都の人びとは、中世以来の自治組織である「番組」に1校ずつ小学校をつくった歴史をもつ。番組は、教育の場にとどまらず、地域のセンターとなって、町組合所のほかに、徴税、戸籍、消防、警察、府兵駐屯所などの施設を併設した（2018年2月27日、訪問調査）。

算ベースで、図書館3,316館で資料費（図書購入費など）が25億4,492万円、経常
図書館費117億5,173万円でしかない（日本図書館協会 2021）。しかも、１館当
たりの予算は年々減額されている。これに対して、科学技術振興費（経済産業
省）は１兆7,593億円（経済産業省 2023）、科学技術予算（文部科学省）は9,775
億円、国立大学の法人運営費と私学の経常費補助の合計は１兆4,784万円である
（文部科学省 2021）。この図書館などの劣悪な予算では、地域は人を育てる社会
資本を充実させ、地域の学びのコモンも育てることは困難である。これでは、
いつまで経っても、住民自治は現実とはならず、個々人が教育投資して「立身
出郷」することから抜け出せない。

　以上から、戦後日本の都市生活が、民主主義と平和を支える社会様式になら
なかったことは理解できてくる。地方は都市に憧れ、都市は、地方を「国内植
民地」にする中央でしかない。だから、また、制度社会は、協同や連帯を価値
にできずその社会精神も育てられないし、自然と地域と子どもを主役にもでき
ない。どこにもない資質を備えたユートピア、ギリシア語のou(ない)＋topos(場
所)を意味する世界も描けない。むしろ人びとは、制度が疲労するなか、横並び
主義や結果オーライのプラグマティズムで、さらには、同調圧力で、自分では
決められない、みんながそうしているからそうするといった曖昧さ、思考停止、
無関心、無責任となり、狂気や憎悪を募らせる。反対を力強く訴える人も１週
間、１カ月が経てば、すっと今までの生活モードに戻っていく、そうした本気
のなさが繰り返されるのである。

　それほど私たちの生活は根なし草である。しかも、国家は、あるべき全体を
示し、それに奉仕させる制度を社会の隅々まで押し広めるばかりである。私た
ちにとって、もはや自分が責任をもって新しい世界像や価値をつくることは自
らの問題ではなくなる。無責任でいられるのである。この薄っぺらな歴史の貧
しさが今を生きる人びとの疼きとなり、大きな空洞を生むのである。それは、
やはり住民自治で地域と人を育ててこなかったからではないのか。このことを
一応の結語にして稿を閉じることとしたい。

【参考文献】 ※言及順
石見尚（1980）『図書館の時代』論創社
横田冬彦（2015）「農書と農民」横田冬彦編『シリーズ本の文化史　読者と読書』平

凡社

猪谷千香（2023）『小さなまちの奇跡の図書館』ちくまプリマー新書

飯田一史（2023）『「若者の読書離れ」というウソ―中高生はどのくらい、どんな本をよんでいるのか』平凡社新書

丹波謙治、多田蔵人編（2018）『鹿児島　書物と図書館の近代―〈知〉の集積と展開』鹿児島大学附属図書館

宮本常一（1982）「日本列島にみる中央と地方」『宮本常一著作集2』未来社

畠中章宏（2023）『今を生きる思想　宮本常一―歴史は庶民がつくる』講談社現代新書

服部圭郎（2013）『若者のためのまちづくり』岩波ジュニア新書

藤原新也（2008）『メメント・モリ』三五館

イリッチ、イヴァン（2015）『コンヴィヴィアリティのための道具』渡辺京二、渡辺梨佐訳、ちくま学芸文庫

――（1977）『脱学校の社会』東洋、小澤周三郎訳、東京創元社

――（1998）『脱病院社会―医療の限界』金子嗣郎訳、晶文社

――（1999）『生きる思想』桜井直文訳、藤原書店

――（2005）『生きる意味』高島和哉訳、藤原書店

馬頭忠治（2020）「柄谷行人の他者論―『～である』と『～する』」鹿児島国際大学経済学部学会『鹿児島経済論集』61（3）

太田愛（2023）『未明の砦』KADOKAWA

菊池省三（2013）『学級崩壊立て直し請負人―大人と子どもで取り組む「言葉」教育革命』新潮社

上間陽子著、岡本尚文写真（2017）『裸足で逃げる―沖縄の夜の街の少女たち』太田出版

上間陽子（2022）『海をあげる』筑摩書房

大阪府立西成高等学校（2009）『反貧困学習―格差の連鎖を断つために』解放出版

ハーバーマス、J.（1985）『コミュニケーション行為の理論』河上倫逸、平井俊彦訳、未来社

中迎聡子（2022）『介護戦隊いろ葉レンジャー参上―若者が始めた愛と闘いの宅老所』円窓社

――（2023）『最強のケアティームをつくる―いろ葉の介護は365日が宝探し』円窓社

森田洋之（2022）『人は家畜になっても生き残る道を選ぶのか？』南日本ヘルスリサーチラボ

馬頭忠治（2019）「シンポジスト3『地元に残りたくなる地域とは？―本学ゼミ生と

志布志高校生との協同プロジェクトの経験を通して』」高橋信行編「徳之島シンポ
　　ジウム『地方創生と地域共生社会』―合計特殊出生率2.81（伊仙町）の島で』『地域
　　総合研究』46（2）：114-119

上江洲安吉、「きむたかの翼」編集委員会（2011）『きむたかの翼』長崎出版

千葉望（2008）「地域の底力　志の高い子どもたちを育てる勝連を訪ねて―『肝高の
　　阿麻和利』公演」日本銀行『にちぎん』13：12

平田大一（講演録）（2018）「沖縄県うるま市の中高校生がつくる奇跡の舞台―肝高の
　　阿麻和利」『佼成新聞DIGITAL』https://shimbun.Kosei-shuppan.co.jp/ kouenroku/
　　22919（2023年9月1日参照）

平田大一（2008）『キムタカ―舞台が元気を運んでくる感動体験夢舞台』アスペクト

馬頭忠治（2018）「台湾のコミュニティ・リノベーションとアートマネジメント―新
　　しい社会的価値の現代的創出」『地域総合研究』46（1）：13-24

フレイレ、パルロ（2018）『被抑圧者の教育学―50年記念版』三砂ちづる訳、亜紀書
　　房

中貝宗治（2023）『なぜ豊岡は世界に注目されるのか』集英社新書

馬頭忠治（2015）「学びのプロセスとしての協働―共同過程論序説」『地域総合研究』
　　42（2）：22-26

東井義雄（2010）『教育選書14　村を育てる学力』（第32版、初版1957年）明治図書

阿部裕志、信岡良亮（2012）『僕たちは島で、未来を見ることにした』木楽舎

総務省自治行政局地域力創造グループ地域振興室（2021）「特定地域づくり事業協同
　　組合制度の活用を―離島における新たな働き方の提案」日本離島センター『しま』
　　264：50-51

泉房穂（2020）『子どものまちのつくり方　明石市の挑戦』明石書店

中島彩（2020）「新しい図書館をめぐる旅―地域自治を育む公共施設をつくる。株式
　　会社マナビノタネ　森田秀之さん」『公共R不動産』2020年3月18日、https://www.
　　realpublicestate.jp/post/library-manabinotane/（2023年9月10日参照）

明石市（2022）「明石まちなかブックスポットMAP」https://www.city.akashi.lg.jp/
　　seisaku/hon_shitsu/documents/akashimachinakabookspotmap.pdf（2023年9月4日 参
　　照）

日本図書協会（2021）「公共図書館集計2021」https://www.jla.or.jp/Portals/0/data/iinkai/
　　chosa/2021pub_shukei.pdf（2023年9月10日参照）

経済産業省（2023）「経済産業省関係　令和4年度補正予算・令和5年度当初予算の
　　ポイント」https://www.meti.go.jp/main/yosan/yosan_fy2023/pdf/01.pdf（2023年9月
　　10日参照）

文部科学省（2021）「令和4年度予算のポイント」https://www.mext.go.jp/content/
　20211223-mxt_kouhou02-000017672_1.pdf（2023年9月10日参照）

南大隅町佐多地区の御崎祭りにみる場所の神性
－場所の未来ビジョンを考える契機としての祭り－

武田 篤志

はじめに

　本稿はおもに社会学の立場から、時代の転換期にあって場所の活性化をいか
に考えていくかを主題としている。20世紀日本の産業経済の発展をふりかえる
と、サービスの経済原理にもとづく「社会／地域」づくりに重点が置かれてき
た。それは画一的・均一的な国民市場を基盤に、より良い商品をより安く大量
に供給し、最低限の生活を「社会」空間全体に平等に保障するというやり方で
ある。このとき私たちの暮らしの領域は、中央－地方関係の構図のなかで「地
域」として下位の単位に位置づけられ、中央に依存することで成立するものと
してつくり上げられてきた。

　しかし、産業経済的に一定の豊かさが達成された現在、ポスト産業社会の経
済・政治を真剣に考えていく段階に入った。21世紀は、サービスではなくホス
ピタリティ（hospitality）の経済原理が、そして社会／地域づくりではなく場所
（place）づくりがますます重要となっている。ホスピタリティとは、たんなる
「おもてなし」をこえて、１対１の対的な関係性を基本に、その場所で・その
時・その人だけに最高のものを供するという論理である。また場所とは行政区
でも地域でもなく、環境・景観とともに歴史的、文化的に幻想形成されてきた
「クニ」とでもいったものである。場所はそれぞれが固有であり中心である。グ
ローバル化を背景にこうした多様な場所がネットワークでつながりながら限定
市場において自律的な経済運営をはかれるようにする仕組みが求められてい
る。そして、そのためにはしっかりとした場所の文化的基盤があることが条件
である。なぜなら経済の基礎をなすものこそが文化だからである。

　鹿児島県南大隅町には多様な場所と歴史・文化の地層がある。ホスピタリティの場所づくりにとって核心をなすのが場所の神性／場所のこころのありようであるが、本稿では佐多地区・御崎神社で毎年2月におこなわれる御崎祭りを取り上げ、フィールド調査の成果を踏まえつつ、場所文化とホスピタリティの可能性について考察したい。この祭りに注目するのは佐多に古くから続く一大伝統行事であるとともに、場所の神性を考えるうえで興味深い事例だからである。以下ではまず御崎祭りの概要を確認する。次いで御崎神社で祀られている祭神について、神社の由緒書の検討と佐多岬周辺の現地視察の結果を踏まえて考察する。さらに、祭りに登場する郡集落（こおり）の神面たちに注目しそれが表象するものについて考察する。最後に御崎祭りは南大隅町・佐多の未来ビジョンを考えていく上でも重要な契機となりうることを問題提起する。

1. 佐多の御崎祭り〜海神の巡行〜

　御崎祭りは大隅半島最南端の佐多岬・御崎山に鎮座する御崎神社の春の例祭で、毎年2月におこなわれる。佐多岬の妹神が約20km離れた郡集落の姉神に年始参りをするという物語に沿って、御崎神社を出発した神幸行列が"七浦"といわれる集落を巡りながら近津宮神社を訪れるというユニークな伝統行事である。2005（平成17）年には県無形民俗文化財に指定されている。

1-1. 御崎神社と近津宮神社

　御崎神社はワタツミ三神（底津少童命、中津少童命、上津少童命）を祀り、そこから御崎三所権現と呼ばれる。一説には住吉三神（底筒男命、中筒男命、表筒男命）を加えて六神を祀るともいわれ六所権現ともいう。現在では伊邪那岐命・伊邪那美命の二神も祀っている。地元ではこれらの祭神を総称して「オミサキドン」や「ミサッドン」などと呼んでいる。

　1843（天保14）年編纂『三国名勝図会』[1]によると、御崎神社の創建は708（和銅元）年で、もとは佐多岬海岸にあった小さな石祠だったという。またそこから南方の海中にある「おふごの瀬」という石磯が御崎権現誕生の地とも記され

1　五代秀尭、橋口兼柄共編（1966）『三国名勝図会』下巻、南日本出版文化協会。なお図1、2の作成に際して国立国会図書館デジタルコレクションの公開データを使用した。

ている。その後、慶長年間（1596～1615年）に樺
山権左衛門久高という武将が、島津氏の琉球侵攻
に際して航海安全を祈願し無事帰還したのを記念
して現在の場所に祠を移し社殿を新築したとある
（図1）。一方、神幸行列の目的地、近津宮神社の
由緒は不詳である。『三国名勝図会』には、「御崎
権現近津宮」と称して「御崎権現社は遠き故、此
地に勧請して近津宮とす」とあるから、御崎権現
を日常的に参拝できるよう近くに勧請した神社と
いうことであろう――祭神も御崎神社と同じであ
る。御崎神社の分身のような関係にあるのが近津
宮神社であり、両者が姉妹神として象徴される根
拠もそこにあると思われる。

図1　御崎神社（『三国名勝図会』より）

　御崎祭りは御崎神社の創建年から数えて1300年の歴史をもつといわれるが、
実際に当初から今のような祭りがおこなわれていたとは考えにくい。御崎祭り
のはじまりについては地元の伝承があり、慶長年間に社殿を新築したものの「参
拝者が少ないので、島津藩が長州藩から遊興をしたらよいと教えてもらい、（中
略）御崎神社の神様が年に1回近津宮神社の女神に正月の挨拶のため会いに行
くということで巡行をするようになった」（牧島 2018：10）という。こちらが
真相のように思われる[2]。もっとも、上掲『三国名勝図会』の記述をみると祭り
の様子はさほど現在と変わらず、少なくとも約180年前にはその原型ができあ
がっていたと考えてよいだろう。

　　正月十九日には、濱殿下りの祭式あり、本社より神輿を舁ぎ、當邑海邊の田
　　尻浦、大泊濱、外の浦、間泊浦、竹之浦等、處々に神輿を駐めて祭をなし、
　　近津宮の下に神輿を安じ置て、翌二十日、近津宮の庭におひて、打植祭あり、
　　廿一日、送神せり、此の祭式路次の行粧、洞官楽を奏し、鉾絹傘など振立て、
　　荘厳なる事なり、老若男女おびたゞしく聚觀すといふ（一部旧字は改めた）

2　御崎祭りで用いる神面は鎌倉時代以降の作であることや、祭り鉾の使用が一般化したの
　が室町時代以降とされる点を考慮すると、現在の祭りのかたちは中世以降に成立したも
　のと考えられる。

　実際に祭りを見たことがあれば情景を容易に想像できるような描写である。御崎祭りが連綿と今に受け継がれていることの証だろう。

1-2. 御崎祭りの概要

　御崎祭りは新暦の 2 月18日から21日までの 4 日間にわたり、本殿祭り、浜下り、二十日祭り、神送りの儀といった祭事をおこなう（昭和10年代までは旧暦でおこなわれていた）。近年祭りの運営体制に大きな変更があったが（後述）、ここでは基本的なことがらを確認しておこう[3]。

2 月18日　本殿祭り

　御崎神社でおこなう前夜祭。午前中に宮司・神職や役員たちが御戸開きをして供物をして祝詞を上げ、玉串を奉納するなどの神事をおこなう。午後からは翌日の準備にとりかかる。宮司は御幣を作ったり祝詞を準備したりするほか、御霊移しで依代として用いる御崎柴を採ってきて御柴（おしば）を作る。御崎柴は神社周辺に自生するマルバニッケイという柴で、この枝を束ねて色紙を巻き付けたものが御柴である[4]。

2 月19日　浜下り（ハマクダイ）

　早朝に御崎神社を発ち約20km離れた郡集落の近津宮神社まで神幸行列をおこなう。郡ではこの浜下りを「オミサキドンのお通り」と呼んだりもする。途中で「七浦」といわれる田尻、大泊、外之浦、間泊、竹之浦、古里、郡・坂元の各集落を巡り、それぞれの御旅所で神事をおこなう。郡に到着した御神霊は近津宮神社正面に設けられた仮宮で一晩を過ごす。

　神輿は各集落の青年団がリレーしながら郡まで担ぐ。道路が未整備だった時代には間泊と竹之浦の間だけは船で運び、それ以外はすべて人力で担いでいた。

3　御崎祭りの詳細については、野田 1966; 近藤 1995a, 1995b; 下野 1995, 2004（第2編第1章）；森田 1995; 細谷 1996; 武田 2015; 牧島 2018を参照。またテレビのドキュメンタリー番組も制作されている（参考文献末尾参照）。

4　昔は晩に一般の人たちも神社で前夜祭をした。太鼓や三味線を鳴らし夜通し歌い踊った。1965（昭和40）年までは前夜祭が17日、18日の 2 日間あったという（近藤 1995a）。

1970（昭和45）年頃から自動車を使うようになり、現在は集落間をトラックで移動し各集落の入り口から神輿を担ぐ（どんひら坂から近津宮神社までの区間は人力で担ぐ）。神幸行列が進む間はつねに笛と太鼓が奏でられるが、トラックでの移動中は音源をスピーカーで流している。現在は神輿行列だけで移動しているが、1963（昭和38）年頃までは見物人たちもお供して郡まで一緒に歩いていたという。

　神幸行列の隊形は鉾・神輿・傘の順となる。先祓いの鉾が先頭で道を浄め、次いで宮司・神職、笛・太鼓が随行して神輿が進み、後ろから傘をかざす。鉾と傘は住民や見物人たちにお祓いをする際にも用いられる。運営体制が変わる以前は、鉾の持ち手は尾波瀬、傘は外之浦のそれぞれの青年団の男性たちが担当するのが慣わしであった。各集落では子ども神輿が出て賽銭を集めたりもする。昔は神面を被った子どもたちが坂元の御旅所に迎えに来て仮宮まで一行を案内していたが、現在はおこなわれていない（郡の神面については後述する）。

　各集落では御旅所を設けて住民を挙げて一行を出迎える。鉾が台座を祓い浄めてから神輿を安置する。そのあと神職がおまつりをし、直会では集落の人たちがそれぞれの仕方でもてなす。宮司は御旅所に着いた時と発つ時でそれぞれ「御着きの歌」と「お発ちの歌」を歌う。

２月20日　郡・近津宮神社での二十日祭り（ハッカマツイ）
　仮宮で一晩を過ごした御神霊がいよいよ近津宮神社を訪ねる。この日は神面を被った郡の子どもたちが案内役として行列に加わる。祭りは正午から始まり、神輿が神社境内に運び込まれ神事がおこなわれる。その後打植祭りと神舞の奉納がおこなわれる。また、この日に合わせて郡小学校の校庭では二十日市（ハッカイチ）が立ち訪客らでにぎわう。

２月21日　下岳での神送りの儀
　近津宮神社を訪問した御神霊は空を飛んで佐多岬へ戻るとされ（オミサキドンのお帰り）、その途中に下岳という山で一泊するといわれている。そのため神職ら数名が下岳に入り儀式をおこない、御神霊が無事に御崎神社まで戻られるよう祈願する。

　現在は、浜下りと二十日祭りがある19日と20日が平日の場合、直近の土日にずらして祭りを開催している。現代人のライフスタイルに合わせて、より多くの人が参加しやすい日程を優先してのことであろう。

1-3. 御崎祭りの現在

　ここでは筆者の現地調査をもとに御崎祭りの現在の姿をみておこう。以下は2015（平成27）年の浜下りと二十日祭りの取材記録である。

浜下り（2015年2月15日）

①御崎神社〜御霊移しの儀〜

　6時半ごろ御崎神社の拝殿で厳かに春の例大祭が始まる。奉賛会代表、南大隅町長と議会代表、役員らが列席する。ここでは御神霊を依代に移す「御霊移し」がおこなわれる。宮司が祝詞を上げたあと御戸を開き、依代の御柴を供える。神歌「御嶽おろしの歌」を歌い、「オー」という声を上げながら御神霊を御柴に移す。7時頃、神事を

写真1　御柴を捧持する宮司

終え宮司が拝殿前に現れる。手には白布でくるんだ御柴が抱えられている（写真1）。御柴は最初の御旅所がある田尻まで宮司が捧持する。

②田尻（一の浦）〜御柴移しの儀〜

　7時半頃、宮司らを乗せたトラックが田尻に到着。待機していた鉾と傘、神輿の担ぎ手たちと合流する。神職が担ぎ手たちにお浄めをして、いよいよ神幸行列が動き出す。だがこの時点ではまだ御柴は宮司が捧持しており神輿には納められていない。そこで、田尻ではまず御柴を神輿に納める「御柴移し」をおこなう。田尻の御旅所は恵比

写真2　鉾で神輿を祓う

須神の祠のとなりに設けられており、10坪ほどの長方形の区画に樹を一本挿し植えてある。宮司はその枝に御柴をくくり付ける。次いで神輿を台座に置き鉾

で邪を祓う（写真2）。そのあと神職が祝詞
を上げ神楽を奏するなか、宮司が御柴を神
輿の中に納める（写真3）。鉾で神輿を祓う
のはこの田尻のみで、以後は台座を鉾で
祓って神輿を置く。

写真3　御柴移しの様子

　その後田尻集落のおまつりが始まり、大
漁、豊作、健康、安全などを祈願する。そ
の傍らでは役員の人たちがお札やお守りな
どを売る。船を所有している人が買うという。また、会場に来ていた参拝者や
見物客には田尻の婦人会の方々が作ったなますがふるまわれる。

③大泊（二の浦）

　8時半頃、大泊では御旅所の前に佐多岬
ふれあいセンター（ホテル佐多岬）に立ち
寄る。玄関口で宿泊客や従業員が出迎え、
鉾と傘でお祓いしてもらう。大泊には大久
保と大泊浜の2か所に御旅所がある。大久
保は唯一個人が座元で、御旅所は大泊海浜
公園の駐車場内にある。農業を営む大久保
では豊穣を祝い、大泊浜では恵比須の豊漁

写真4　大泊の浜をゆく神幸行列

を祝う。大久保から少し行くと目の前に白浜が広がる。大泊浜の御旅所はその
先にある。神幸行列が浜辺を進んでいく光景は荘厳なもので、まさに浜下りと
いった感がある（写真4）。祭りの見どころの一つである。御旅所のそばではお
札やお守りとともに御崎柴を販売している。漁村では船のお守りになるそうで
地元民が買い求める。その後、一行は同集
落内の旧道を練り歩いて、商店や民家、漁
協で出迎えた人たちにお祓いをする。

④外之浦（三の浦）

　11時頃、外之浦に到着。ここは昔から傘
持ちを担当してきた集落である。外之浦で
は婦人たちが家族写真を掲げながらお祓い
してもらう習慣がある（写真5）。これは遺

写真5　傘をかざして安全・健康祈願

影ではなく、地元を離れて暮らす子や孫、親戚の写真で、かれらの健康や無事をも一緒に祈願してもらうという。集落の背後には小高い山があり、中腹に恵比須神社の赤い鳥居が見える。御旅所は海沿いの一角に神社と正対して置かれる。直会には近くの磯で採れるコロベミナという小さな黒貝を出す。味は良いが中身を食すのに時間がかかることから、少しでも長く神様に留まってもらいたいとの思いがあるという[5]。

⑤間泊（四の浦）

写真6　蛭子神社のソテツ鳥居

間泊では蛭子神社（ひるこ）の鳥居の前に御旅所が設けられる。この鳥居はソテツと一体化した珍しいかたちをしている（写真6）。何度鳥居を作っても倒れてしまうためこのようにしたとの伝承がある[6]。また、この集落では供え物に、腹合わせにした一対の赤魚を棒に吊るして鳥居の横に差し立てる風習がある。

⑥竹之浦（五の浦）

道路が未整備だった頃、間泊と竹之浦の間には、海沿いの崖に丸太橋を1本渡しただけの「魔のツタイ」と呼ばれる難所があった。浜下りの際には御柴だ

写真7　竹之浦で出迎える区長

けを神職が捧持して渡り、神輿は船で運んだ。海が荒れたときには山道を通ったという。現在は道路が通っているので難なく着く。12時半頃、集落の入り口でトラックから降り、海沿いの道路を練り歩きながら集落に入る。沿道で待つ婦人たちにお祓いをしながら進む。御旅所は共同墓地前の道路に設けられ、区長が正座で一行を出迎える

5　外之浦では区長がくじ引きでコロベを採る者を決め食事当番を任せるというのが慣例だが、高齢化で年々難しくなっているという。筆者の取材時にはコロベは出していなかった。

6　大隅半島では神社に植えられているソテツはその下に神様がいる（根元に石が埋められている）とのことで、勝手に伐採したりしてはいけないという。

（写真7）。御旅所はその北側にある鬼丸神社と正対している。この神社には牛の神が祀られている。竹之浦では昔は牛を飼育しており、目の前の浜で運動させて鍛えていたそうだ。この集落では農家が多いことから豊作祈願でおにぎりを作りオミサキドンに供える。このおにぎりを食べると体が強くなり病気しないといわれ、直会の際に皆にふるまわれる。ちなみに、竹之浦には船霊信仰があり、「観世音丸」という船の守護神を海沿いの小高い山の中腹にすえる風習がある。

⑦古里（六の浦）

　古里は海岸から少し奥まった山里の集落で、その中央にある天乙神社（あまおつ）の前に御旅所が設けられる。13時半頃、石垣でできた小高い平らな場所でおまつりがおこなわれる（写真8）。ここでも皆におにぎりとお茶がふるまわれる。

写真8　古里の御旅所

⑧どんひら坂下り

　古里から次の郡へ行く途中にあるのが最大の難所「どんひら坂」である。14時半過ぎ、坂の手前でトラックを降り、ここから終点までは人力で神輿を担ぐ。この坂下りは一時期途絶えたこともあったが、祭り本来のかたちを守りたいとの思いから復活した。現在では祭りの見どころの一つにもなっている。急勾配の険しい山道で坂というより崖のような場所である。たいへん危険なので安全に配慮しながらゆっくりと慎重に下る（写真9）。

写真9　どんひら坂を下る神輿

⑨郡（七の浦）

坂元

　15時過ぎ、無事にどんひら坂を下り郡に入る。坂を下りてすぐのところが坂元集落で、その公民館前に御旅所が設けられている。ここで一行はしばし休憩する。昔は神面を被った子どもたちが近津宮神社からこの坂元まで迎えに来て一行を次の仮宮まで案内していたが、現在はおこなわれていない。

仮宮（旧郡小学校）

　15時半頃、坂元の次はいよいよ本日の目的地、仮宮へ向かう。神輿を担いで川沿いの道を進み、畑を抜けたところの西村商店前で出迎えの人たちにお祓いをする。そのすぐ先に近津宮神社があり、道路をはさんで真向かいに旧郡小学校がある[7]。小学校の正門左脇、ブロックと柴垣で囲われた一角に御旅所が設けられている。中央に御神木のセンダンの木があり、その幹にくくり付けてある神棚が仮宮である。御旅所を鉾が浄め神輿を台座に置いたあと、宮司が祝詞を上げてから御柴を仮宮へ移す。御神霊はここで一晩を過ごす（写真10）。その夜、小学校に隣接した郡集会施設で直会がおこなわれる。

写真10　郡の仮宮

二十日祭り（2015年2月16日）

　一夜明けて、いよいよ神幸行列は仮宮から近津宮神社へ入る。この日に合せて校庭では「二十日市（ハッカイチ）」が立つ。11時半頃には見物客も増えてきて賑やかになってくる。校庭に鉾と傘が運び込まれ支度が始まる。その合間に、さまざまな人たちがやってきてお祓いしてもらう姿もみられる。仮宮ではふたたび御柴が神輿に移され準備が整う。

①二十日祭り

　正午、近津宮神社の鳥居前には大勢の見物客が集まっている。太鼓が鳴り響き祭りの始まりを告げ、神幸行列が動き出す。神社はすぐ目の前だが、境内の御旅所にいたるまでには三つの鳥居がある。神社の鳥居が一の鳥居、そこから階段を登って境内に入る手前に張られた注連縄が二の鳥居、そして三の鳥居は境内の御旅所の注連縄であ

写真11　鳥居を祓い浄める鉾

7　郡小学校は2013（平成25）年3月31日をもって閉校した。

写真12　境内でお祓いをする鉾　　写真13　境内を回る神輿

る。まずは一の鳥居、鉾がつゆ祓いをして先導する。鳥居には低い位置に注連縄が張られ、持ち手は鉾を地面すれすれに構えたまま注連縄の下におさめる（写真11）。鉾が無事に祓うと「万歳！」と歓声が上がる。

　鉾に続いて神輿や傘も鳥居をくぐり階段を上っていく。見物客たちもあとに続く。境内に入ると神輿は時計回りにゆっくりと３周する。狭い境内をじっくりと練り歩く。鉾と傘が参拝客たちにお祓いをして回り（写真12）、担ぎ手たちはワッショイワッショイと声を上げ神輿を大きく揺らす（写真13）。観客からお賽銭が投げ込まれる。役員が担ぎ手たちに焼酎を飲ませたり浴びせかけたりして場を盛り上げる。この日は神面を被った子どもたちも参列する（写真14）。

写真14　神面の子どもと旗持ち

　いよいよ三の鳥居をくぐり神輿を御旅所に安置する。近津宮神社では境内の一隅に神輿を置く専用の場所がある。ここにも入り口に注連縄が張られている。観衆が見守るなか、鉾が縄の下におさめられ台座を祓い浄めると大歓声が上がる（写真15）。祭りの開始からここまで１時間ほど経過している。仮宮から境内までは歩いてすぐの距離だが、そこに三つの鳥居が設けられそのつど鉾と傘の所作が加わる。たっぷりと時間をかけ「もったいなく、もったいなく」少しずつ進んでいくのだと祭り関係者の方が

写真15　御旅所を浄める鉾

語っていたのが印象的であった。年に一度
のお祭り、オミサキドンのお迎えを大切に
愛おしむ姿が感じられる。神輿が安置され
ると神事がおこなわれる。集落の代表、南
大隅町長、祭りの役員や氏子、子どもたち
が列席する（写真16）。

②打植祭りと神舞の奉納

　神事が終わるとすぐに打植祭りが始ま
る。田打ち、耕耘、種蒔き、苗取りなど稲
作の行程を再現することでその年の豊作を
祈願する。昔は大人の男性の役回りだった
が、今は子どもたちがやっている。境内を
田んぼに見立て、鍬に見立てた股木を持っ
た10人ほどが時計回りに、中央においた蔦
葛（つる草）をたたいたり引っ張ったりす
る（写真17）。次いで小さな台車にのせた模

写真16　近津宮神社での神事の様子

写真17　打植祭りの様子

型の牛が登場し、馬鍬を引きながら境内を回る。このとき神職の男性が牛をほ
めながら終始コミカルな演技をして観客を楽しませる（写真18）。最後に見物客
に餅がふるまわれる。

　ひき続いて神舞（カンメ）が奉納される。この日は鉢巻に袴姿の宮司が抜身
の刀を両手に1本ずつ持ち、回転させながら剣舞を披露した（写真19）。昔は剣
舞以外にも鬼神舞、田の神舞、扇の舞、長刀舞など12の舞があったという。

　祭りの最後に神送りがおこなわれる。ここでは御神霊を下岳へ送り出す儀式

写真18　模型牛の登場

写真19　剣舞の奉納

をおこなう。祝詞を上げたのち、笛と早太鼓が奏でられるなか宮司が神輿から御柴を取り出し数回左右に振る動作をして終了。その後夕方から郡の集会施設で直会が催される。

神送りの儀〜オミサキドンのお帰り〜（2015年2月17日）

　二十日祭りの翌朝、下岳の山中で神送りがおこなわれる。下岳で休憩している御神霊が無事に佐多岬に帰られるよう祈願する儀式である。朝8時頃、宮司と神職、関係者ら数名が御柴を持って、ほら貝を吹きながら下岳に登り、山中にある石塚で御幣を立て祝詞を上げる。この日は神様が通る日なので他の者は下岳に近づいてはならないとされている。禁を破って山に入り神に出会うと祟りがあるとされる。この神送りは1974（昭和49）年から途絶えていたが、2014（平成26）年に40年ぶりの復活を果たした[8]。

　以上が浜下りと二十日祭りの全体的な流れである。御崎祭りは日本の祭りの古態を今に残すなどともいわれるが、実際は時代とともに大小さまざまな変化を経ている。モータリゼーションの影響で船を出さなくなったことは大きな変化だが、さらに近年祭りの運営体制に大幅な変更があった。従来は氏子や崇敬者からなる「御崎神社奉賛会」（会長は歴代町長）が祭りを主催し、住民たちは集落単位で運営にたずさわっていた。しかし過疎化・少子高齢化により祭りの存続・伝承が困難になってきたことから、2007（平成19）年に運営主体を、奉賛会メンバーに各自治会長などを加えた「御崎祭り保存会」へ改組し、住民は校区単位で運営にたずさわる体制に変えた。これにより各集落は大泊校区（田尻、大泊、外之浦、尾波瀬）、竹之浦校区（間泊、竹之浦、古里）、郡校区（坂元など10集落）に再編されることになった。また実行委員会を新設し会長は3校区から交代で選出することにした。南大隅町はこれらを後援する。祭りの準備や神輿担ぎ、道具の管理を校区単位でおこなうのはもちろんのこと、鉾と傘の持ち手も校区から選出することになった──伝統を崩さないよう尾波瀬・外之浦の人たちがそれぞれ鉾・傘の指導にあたる。さらに、2012（平成24）年からは佐多地区以外からも神輿の担ぎ手を募り、祭りに参加してもらっている。

8　神送りの復活についてはテレビドキュメンタリー番組「ダイドードリンコスペシャル 七浦に神渡る〜佐多の御崎祭り〜」（2014年放送）で紹介された。

2．祭神の重層性～神話の海神と場所の海神～

　御崎祭りのはじまりは前述のとおり慶長年間の社殿新築以後と考えられるが、そのことをもってただちに祭りの歴史が浅いとは言い切れない。というのも、祭りの構成要素に注目すると、そのいくつかはより古い時代に遡る歴史をもつと考えられるからである。

2-1．御崎神社の創建と祭神

　まず、御崎神社の由来について改めて考えてみたい。708（和銅元）年創建を事実とするならば、そこには当時の南九州をめぐる政治的背景を考えざるを得ない。7世紀には南九州の阿多隼人と大隅隼人は大和朝廷に服属していたとされているが、実際には局地的にしばしば衝突を繰り返していた。8世紀に入り、大宝律令制定（701年）、日向国からの薩摩国・大隅国の分立（702年・713年）、そしていわゆる「隼人の乱」とその終結（720-721年）を経て、律令政府が南九州での支配体制を確立していく（中村 2001）。御崎神社の創建はまさにその渦中での出来事ということになる。もともと古代の佐多岬周辺は海洋航路の要衝であったこと、8世紀初頭に郡に郡衙が置かれていたこと、これらの歴史的・政治的文脈を考慮すると、御崎神社・近津宮神社の創建は佐多一円の統治政策の一環だったとも考えられる。

　こうした南九州での統治体制確立と密接に関連していたのが神話編纂である。中村明蔵は日向神話の形成について、7世紀の天武・持統朝時代が、律令国家体制の成立にむけて領域への関心が高まった時期として重要であったという。とくに「国土の南西部は、唐や統一新羅へ連なる接点として、単に領域への関心にとどまらない防衛をも配慮した地域としての要地とされたことが推測される」（中村 1986：120）とし、そこで隼人・南島への勢力拡大のためにとられた方策の一つが、支配を歴史的に正当化する神話の創出であった。薩摩・大隅を含む日向世界は古くから海洋信仰の文化圏であったが、かれらが伝承してきた海神を至上とする神話を旧来の朝廷の神話に吸収するかたちで造作されたのが日向神話だったという。「天界の神々と地上の神々、そして天界から地上に降臨した神の物語としてまとめられていた神話は、ここに、さらに海の神とも

結合する必要が生じた。その結果が、記紀の神話の天孫降臨から日向神話への展開となった」（同上：131-132）。

　こうしてみると御崎神社で祀られている祭神についても再考してみる必要がある。もとは佐多岬の海岸にあった小さな石祠で祀っていた神を、和銅元年に「ハマミヤ」と呼ばれる岩窟の祠へ移して祀ったのが御崎神社の由来とされる。このハマミヤは佐多岬の東岸に実在し、『三国名勝図会』の挿絵にも描かれている（図2）。具体的な場所も地元に伝承されており、筆者も案内してもらったことがある（写真20）。現在は土砂が崩れてしまい岩窟の跡を確認することはできなかったが（写真21）、社殿を建てるほどの広さもなく簡素な祈りの場所しかできないという印象を受けた。御崎神社で祀られているワタツミ三神は記紀に登場する海神だが、当初佐多岬海岸で祀っていたのは別の海神ではないかと思われる。すなわち、もともと佐多岬周辺には古くから固有の海洋信仰があったが、律令政府が支配を確立していく過程で、御崎神社の創建を機に神話の海神への転換がはかられたのではないだろうか[9]。また、それにより疎外された古い信仰の残滓が地元で伝承されることになったと考えられる。次にそれについてもみておこう。

図2　ハマミヤ（『三国名勝図会』より）

ハマミヤ跡地

写真20　佐多岬東岸のハマミヤ跡地
（2016年3月26日　筆者撮影）

写真21　岩窟の跡
（2016年3月26日　筆者撮影）

9　この点に関連して近藤津代志は興味深い指摘をしている。御崎祭りは「旅と航海の安全を祈る祭り」であり「神様の一行は、行く先々で、大漁旗を掲げた船に迎えられ、ごちそうでもてなしを受ける。（中略）南西諸島では、航海安全を守護する神様はオナリ神と呼ばれる。その信仰のシンボルは布である。かつて、御崎祭りの前夜祭の御通夜祭りでは、御崎神社の境内が埋め尽くされるほど布旗が奉納されていた。このことから、御崎祭りは、オナリ神信仰が伝わった祭りとみられる」（近藤 2001）。

2-2. 神籠石とおごんせ～古い信仰の痕跡～

　佐多岬近隣の集落には前古代的な信仰の痕跡と思われるものが散見され、そ
れらが御崎神社や御崎祭りと深くかかわっている。御崎神社では記紀に登場す
るワタツミ三神を祀っているが、その由来は神話物語と関連付けて説明される。
すなわち、黄泉の国から逃げ帰ってきたイザナキが佐多にある影向石に降臨し、
佐多岬の南にある「おごんせ」[10]で禊祓いをした際にワタツミ三神を産んだとい
うものである。

写真22　大泊岳の神籠石
（2016年3月26日　筆者撮影）

　影向石とは神が降臨する際に御座とする
石、あるいは来臨する神を拝む場所にある拝
み石のことで神籠石とも呼ばれる。これは大
泊にある大泊岳に実在し、集落が一望できる
山頂付近に高さ2mほどの巨石が立っている
（写真22）。ここは子どもたちが駆け上って遊
びに行ったり端午の節句に鯉のぼりを立てた
りするなど、地元住民には馴染み深い場所で
ある。

　そして、この神籠石は「オミサキドンのお帰り」にも組み込まれている。前
述のとおり近津宮神社への訪問を終えた御神霊は空を飛んで下岳で一泊してか

おごんせ

写真23　佐多岬灯台とおごんせ
（2016年3月26日　筆者撮影）

ら御崎山へ帰るとされているが、下岳を
発ったあと途中で降り立ち一休みすると
いわれるのがこの神籠石である。また、
イザナキが禊祓いをしたとされる「おご
んせ」も実在する。佐多岬灯台付近にあ
る石磯がそれである（写真23）。潮の流れ
が速く魚が集まるポイントとして地元漁
師や釣り好きにはよく知られている。

　御崎神社の由緒は、神話物語に佐多岬

10　資料によって「おうごの瀬」「おふごの瀬」「おほごの瀬」など微妙に異なる表記もある
　　が、本稿では地元での呼び方にならい「おごんせ」とする。漢字で「黄金瀬」と表記す
　　る場合もあり、志布志湾の都井岬沖にも同名の釣りスポットがある。やはり豊漁を「黄
　　金」に象徴させて名付けたものと思われる。

周辺に実在するものを組み込むかたちで作り上げられている。実際に現地を訪れてみると、神籠石はどうみても古代または前古代的な段階の巨石信仰の痕跡である。おごんせも古くからこの地に暮らした人びとにとって魚がよく獲れる特別な場所として神聖視されるようになったことは想像に難くない。御崎神社の由緒の構造は、佐多の場所を神話の言説に組み込みながら、逆にこの場所固有の神性が存在することを浮き彫りにしているのである。

３．郡の神面たち〜場所の神性を表象するもの〜

　御崎祭りのなかで場所の固有な存在を示すものとして注目されるのが、浜下りの目的地・郡集落で登場する神面の子どもたちである。もともと坂元の御旅所では、面を被った郡の子どもたちが一行を出迎え仮宮まで先導するのが慣わしであった。

　この神面は近津宮神社に古くから伝わるもので鎌倉時代の作ともいわれる。形態としては神舞面で、全部で12種類あり二十日祭りでは神舞の奉納に使われていた[11]。その多くが鬼神面や荒神面などいずれも奇怪な形相をしており、幼少の子どもにとってはとても怖いものだったという。近津宮神社の面なので地元では「宮の面」と呼ばれ、昔の子どもは親からよく「言うことを聞かないと宮の面が来るよ！」などと叱られたりしたそうだ。残念ながらこれらの面は40年以上前に盗難被害に遭い、一面だけを残し他はすべて失われてしまった[12]。そのため現在は神面の出迎えはおこなわれておらず、唯一残った鬼神面は二十日祭りで登場するのみとなっている。

　ここでは過去の記録を手がかりに神面たちの出迎えの様子を確認しておこう。1966（昭和41）年発行の野田千尋著『佐多岬』に写真入りで説明がある。

11　『佐多町誌』に「舞としては面が十二頭ある。それぞれ面によって舞が違う」（佐多町誌編集委員会編 1973:324）とある。失われた郡の神面についての考察は武田（2020）を参照。

12　盗難に遭ったのは1977〜78（昭和52〜53）年頃で、地元の神社関係者によると、その後数年は同じ佐多地区・伊座敷の稲牟礼神社から面を借りて祭りを行っていた。こちらの面も古くから伝わるもので、近津宮神社の面と見間違うほどよく似ていたという。また、近津宮神社は火災に見舞われ古い資料が焼失したこともあり、神面の詳細について知ることが困難になっている。

　郡部落の八人の子供たちは、神面をかぶって、坂元部落まで迎いにいき、こゝ
からミコシの先導をつとめてゆく。子供たちの祭りへの参加は、むかしから
大事な行事のひとつにとりあげられている。子供は、その無邪気な天真らん
まんさが神の恩寵（おんちょう）をうけやすいと考えられ、神霊ののり移っ
たものとなっているのである。神面をかぶった子供は、まさに現人神である。
稚児の『ち』は、神社の建築にあらわれる千木（ちぎ）などの千でもある聖
なる意味があった。神面をつけた子供は、手にシベを持っている。ミコシの
先導をつとめているのは、なんのためだろうか。これは、異境のおそろしい
ものや邪悪なものを、すべて追いはらって、きよまったところに、ミサキド
ンを誘導されるという気持をあらわしたものだろう。（野田 1966：188-189）

　出迎えには八つの神面が登場し、シベを手にして先祓いの役目を担っていた
ことがわかる。当時を知る地元の方によると、面を被るのは主に中学生の男子
だったという。稚児というには少し年齢が上ではあるものの、わざわざ面を被
るということは、神霊／現人神のように人ではない存在、つまり神性を表象し
ているということであろう。
　では、これらの神面たちはいかなる神性を表出しているのだろうか。邪を祓っ
て道案内するという点ではサルタヒコ（猿田彦）とよく似ている。サルタヒコ
は古事記に登場し、天孫降臨に際してニニギを出迎え先導したとされる国津神
である。南九州にはサルタヒコを祀った神社や、サルタヒコ面が先祓いをして
神幸行列を先導する祭りも多い。ただし、サルタヒコの面は鼻高面であり、郡
の神面の中にそのような面はない。だが、佐多岬とサルタヒコは深く関係して
いる。柳田國男は『石神問答』で、サルタ（猿田）はサダと読み岬を意味し、
サダ／サタ＝ミサキ＝国の境であるとして、サルタヒコは岬のような国の境界
を守る神であると述べている（柳田 1990）。飯田道夫は柳田の説を踏まえて、
杖と鉾が境界を定めかつ邪をさえぎり守ること、辟木・賢木・幸木・幸鉾に宿
るサルタヒコの辟邪機能を明らかにし、それが鼻高面をかぶり杖・鉾を持って
神幸する姿に象徴的に集約されているとしている（飯田 1998）。
　こうしてみると、御崎神社の祭神がサルタヒコではなく天津神であり、御崎
祭りにもサルタヒコが登場しないことは奇妙にも思える。下野敏見はこの点に

関連して以下のように述べている。

　　浜降りのときは、恐ろしい大王面や猿田彦面を被った者が先導しつつ、悪
　魔祓いしていく例が多い。それが御崎祭りでは、巡行の最後に出迎えの子供
　の面群は現れるけれども、大王面や猿田彦の誘導はない。しいていえば矛が
　露祓い役をしているが、ほかには大幣が御崎柴の前にあって先導するだけで
　あるという、素朴にして古風な様相を見せている。南日本の他地域の浜降り
　の大王面や猿田彦面は、悪魔祓いばかりでなく、領内の人民を威圧しつつ進
　むという若干政治的色彩が見られるけれども、佐多の御崎祭りにはそれがな
　いばかりか、沿道の人びとは我先に御崎風に吹かれて神の力をわが力にしよ
　うと御柴の入っている神輿に近寄り、正座して一心に拝んでいる。浜降りの
　本来の姿を、ここに見る思いである（下野 2004：102-103）。

　下野はサルタヒコの不在を、素朴さや古風の様相、政治的色彩のなさという
点から評している。だが、むしろここにこそ神話を介した統治のありよう、す
なわち佐多岬をめぐる神話の神と場所の神との重層的関係が見出されるのでは
ないか。神話では天津神が場所に降り立ちサルタヒコがこれを先導する。それ
ゆえサルタヒコは場所の神のようにみえるが、柳田がいうようにサルタヒコじ
たいは境界を示す神であって場所の神ではない。つまり〈天津神－サルタヒコ
－国津神〉の関係性が想定される。サルタヒコが不在なのは、御崎神社の由緒
を——とくに日本書紀に準拠して——定める際に疎外され天津神が岬神として
配置されたということではないだろうか。また、御崎祭りにおける郡の神面に
ついては、鼻高面ではないものが辟邪機能をもって登場するところに疎外され
たサルタヒコの痕跡が表象されるとともに、神面じたいがこの場所に固有の神
性——国津神的な存在——を表象しており、加えて場所の神（主）が佐多岬に
降りてきた天津神（客）を歓待するという関係性の表出にもなっていると仮説
を提示しておきたい。
　なお、郡集落では失われた神面を新調しようという話が持ち上がることも
あったが、「面に魂が吸われる」とのことで立ち消えになった。神面を作った者
は寿命が縮むとされ、命と引き換えにするほどの覚悟が必要だという。神面は
宝物であると同時に一種の禁忌の対象ということだろう。神面＝死の暗示を媒

介とした、この場所の共同幻想がかいま見える。子どもたちが「宮の面」を怖がったというのもこうした習俗への直感からくるものかもしれない[13]。

4．御崎祭りを契機に佐多の場所ビジョンを考える

御崎祭りは神幸行列のルートによって佐多地区一円の集落をつなぎ、さまざまな人びとが広く参加できるよう編成されている。それとともに各集落の信仰や習俗をその一部として取り込みながら歴史的・文化的に重層的に構成されている。本稿は御崎神社の祭神と郡の神面をめぐる考察を通じて、佐多の場所固有の神性の位相を明らかにした。本稿を締めくくるにあたり、この神話の神と場所の神の関係性について考えてみたい。そこで注目したいのが「神道的神と民俗的神」をめぐる坪井洋文の民俗学的考察である。

4-1．多元的な民俗世界とクニブリ

坪井は柳田國男の一国民俗学（稲作一元的な民俗観）に対峙しながら民俗の多元的文化の次元を開示した。そこで重要となるのが、抽象化された形で認識される「神道的神」と具象化されて現れる「民俗的神」の識別である。「前者は例えば村次元では氏神社に降臨してくる神であり、家次元では神棚に降臨してくる神」である。後者は「村次元にまず現れて、次に家次元を個別的に訪問する神」である。前者が依り代を媒介とするのに対して、後者は神であることの条件を具象化した姿を人々に見せている（坪井 1989：18）。

とくに坪井のいう民俗的神とは、重要な節目に人間集団の前に現れ、実際には現世の人間が神の資格を得て顕現する。それはナマハゲのように正月に村に来訪する「異装の神」であり、「他界なる先祖神が現世空間の子孫を訪れる」点にその特徴がある（同上：19）。坪井はさらに、蓑笠をつけた者は、イモ・ウドンなど焼畑・畑作物をもって新年の儀礼食とする主体の側に迎えられた神——

---

13 2016（平成28）年の御崎祭りでは二十日祭りにも神面が登場しなかった。地元の人に事情を尋ねると、子どもが怖がって被りたがらなかったのでやむなく出さなかったそうである。近年は少子化の影響で小学生の子たちが神面の役をつとめており、この年はとくに年少の子たちばかりだった。祭りの儀礼形式としては不完全ながらも、神面の力はこの場所でまだ生きているということかもしれない。

稲作民ではなく山民の迎える神——であることを明らかにし、日本各地のイモ
正月／餅禁忌を例示する。すなわち稲作一元的な民俗とは異なる民俗世界を開
示している。坪井の問題意識は、神道的な神観念・体系の枠内ではあまり顧み
られなかった民間信仰次元の具象的な神へのまなざしから「一国内における宗
教の多元的類型化」（同上：20）を可能にすることである。

　これはクニブリ論として、場所ごとの多元的文化の問題設定へと展開される。
坪井は「風俗」の訓み方にはオホミタカラノアリカタとクニブリの二通りがあ
るとし、前者は「お上が下々に示し、教え、与える文化の総体」で、水田耕作
を前提にした「瑞穂国」の実現が国是となる。後者は水田稲作に一元化されな
い農耕文化であり、「人々が各々の地域において、その環境の中から自由に物を
選び、養い育てて生活することの総体」を指すと述べている（坪井 1986：160）。
後者が民俗学においてさえ捉えきれていなかった場所文化の次元である。その
うえで坪井は、オホミタカラノアリカタとクニブリを単なる二分法で捉えるの
ではなく、その相互関係の対立・変奏の仕方に場所ごとの多様性が現れ、それ
をつかんでいくことが大事であるという。

4-2. 仮説的問題設定——天津神と国津神の調和をはかる場としての御崎祭り

　坪井のいう「異装の神」は蓑笠を特徴とし農耕文化を基本にしており、海洋
信仰文化圏を古層にもつと考えられる佐多とは様相が異なるかもしれない。だ
が、坪井の議論の本質的なポイントは、日本列島に先住の国津神集団（畑作民
的農耕文化の集団）と外来の天津神集団（稲作民的農耕文化の集団）との接触
とそれにより生じた自己認識の連続過程にある。御崎祭りの場合、二十日祭り
のなかで打植祭りがおこなわれる。佐多では稲作もおこなわれるので、海神の
巡幸である御崎祭りと稲作儀礼が共存している。そこでは神面を用いて田の神
舞が奉納される——坪井が体系化した民俗世界では仮面は稲作民的世界に位置
づけられる。郡の神面たちは、如上の国津神集団と天津神集団の異質な文化接
触からこの場所に於いてどのような文化／クニブリが形成されたかを考える契
機を提供してくれている。

　あらためて御崎祭りをみてみると、浜下りで立ち寄る各集落ではそれぞれに
氏神やエビスなどが祀られており、神幸行列はそれら集落の神々に挨拶して通

過するかたちをとる。御旅所もその集落の神社に正対して設置される。そこには〈オミサキドン－住民〉という一義的な関係性ではなく、〈オミサキドン－集落の神－住民〉という重層的な関係性がみられる。こうした神性の重層性のなかに、より古い信仰の層が維持されている可能性がある。そしてこのような文化的基盤の上に神話の海神が乗るかたちでオミサキドンの信仰は成立しているように思われる。すなわち、御崎神社の海神（天津神）と佐多の場所の神性（国津神）との接触・調和の場として御崎祭りを捉える視点が問題設定されうるのである――坪井のいうクニブリの閾である。

　このような場所の神性の重層性においてもっとも重要なのは、その核心部にある「場所のこころ」である。それは佐多における場所の神性を介した人びとの厚い信心からなる。上掲の野田は御崎祭りについて以下のように書き残している。

　　御崎神社の〝浜下り神事〟では、神と民衆とが、心の交流する関係に、おかれているのを、まのあたりに見て、ここに、日本の祭りの真の意義を見だすことができて、何よりうれしかった。時代時代の民衆が心から実現したものがほんとうの意味の祭りである。自然のままにあることが、もっとも民衆的であるということなのである。（野田 1966：195）

　約50年以上前の言であるが、実際に御崎祭りの光景を目の当たりにすると、ここに語られてある「神と民衆とが、心の交流する関係」が今も失われずに息づいていることが感知される。ただしそれは「日本の祭り」へと一般化されるものではなく、佐多の場所文化として意味をもつものである。そこには祭りを長い時間をかけて大事に継承してきた持続力、場所の意志とでもいうほかないものがある。

むすびにかえて

　現在、南大隅町は産業振興の重要な柱の一つとして佐多岬観光を位置づけている。展望台も整備し、町の予算で御崎祭りをモチーフにした映画まで制作し

た[14]。これからという矢先にコロナ禍に見舞われてしまったが、インバウンド需要の高まりを背景に今後も観光に注力していくことに変わりはないだろう。ただし、それがサービス消費型の観光開発にとどまるのか、ホスピタリティを軸とした場所経済の形成へと向かうのか、大きな分水嶺がある。観光／ツーリズムとは他者の場所を巡り、その歴史・文化、景観、食べ物等の体験を経ることだが、その核心部分には、場所に生きる人びととかれらが大切にしているもの──場所のこころ──との交感がある。客人はそれに触れることができたとき心動かされる＝感動する。ホスピタリティとは、おもてなしを超えて、場所を活かした資本経済の基本原理である（山本 2008）。サービスの論理は場所を商品と貨幣の交換のための社会空間に切り詰めてしまい、場所の文化は商品化され蕩尽されてしまう（Urry 1995＝2003）。

　それゆえ場所の神性をきちんと位置づけていくことが佐多の場所づくりにとって本質的に重要となる。場所のホスピタリティ理論を開拓している山本哲士は『国つ神論』のなかで「〈場所〉が自らの共同幻想として国津神を、古事記よりもまして自分たちのものとして想像的に創造し、それをクニブリとして奉げるに値する天をいだくことは、極めて大事なことだ」（山本 2013：486）とし、「〈神〉は資本である、場所の資本である」（同上：505）と述べている。場所の神性は佐多を活性化していく力＝資本となる。

　さらに山本は、記紀の検討から日本には相反する二つの設計原理があることを明示している。すなわち、近代「社会」に連動するナショナルな一元空間へ構成する書紀空間設計と、「場所ごとの非連続を残したまま、場所の国つ神の存在表象を多元的に構成しうる可能条件をもっている」古事記空間設計である。これまでは書紀空間が、商品・サービスの国民市場空間と社会空間とを同一致させたナショナルな民族国家空間を究極的に創成してきたが、その限界がいま露出してきている。そこで、「場所の国つ神をそれぞれの場所がとりもどすこと、そして天津神との関係の多元性を開いておくこと」が書紀空間の行き詰まりを超えていくとして、「資本・ホスピタリティの場所多元設計を古事記の心性と技術からなしていくこと」（同：510）を提唱している。これは、地域／サー

14　2019（平成31）年３月公開の映画「きばいやんせ！私」（監督：武正晴／原作・脚本：足立紳）。「企業版ふるさと納税寄付金」などを財源に制作費の８割にあたる約9,900万円を町が負担した。いわば町のPR映画といえる。

ビスの限界を越える21世紀の場所／ホスピタリティを考えていく重要な設計指
針となる。

御崎祭りは1300年の歴史と銘打って宣伝されることが多い。そこには祭りの
ルーツを古代に設定しそこから現在までの時間の厚みを資源として捉えるまな
ざしがある。それも一つの文化資本ではあるが、時間に関してもう一つ別の可
能性を提示しておきたい。御崎祭りの考察を通じてみえてきた場所の神性は古
代以前へつながりうるものであった。つまりこの祭りは前古代への開口部でも
あるのである。単なる歴史ロマンにとどまらず、1300年より以前にこの佐多の
地で生きていた人びとの営みを考える可能性もまた文化資本である。資料がな
いゆえ想像するしかないが、逆にさまざまな手がかりを駆使しながら想像しう
るということであり、それは創造行為でもある。近代に作り上げてきた社会シ
ステムが終焉を迎えつつある時代状況にあって、21世紀の南大隅町・佐多のビ
ジョンを考えていくことと、佐多を古代以前へと想像的＝創造的に掘り下げて
いくことを重ね合わせる、そうした新しい時間のオーダーをもってみることが
いま大事であるように思う。

謝辞

本稿を作成するにあたり、南大隅町のたくさんの方々にお世話になった。こ
こでお名前をあげることは差し控えるが、現地調査にあたり地元の祭り関係者
の方々にはさまざまなかたちでご協力いただいた。私のゼミ学生たちを神輿担
ぎに参加させてもらい、また直会の宴席にもお招きいただいたことで、より近
い距離感で取材することができた。各集落の婦人会の皆さんからも温かいおも
てなしを受けた。神社関係者の方々には筆者の質問に逐一丁寧にお答えいただ
いた。佐多地区の皆さんとの交流を通じて、御崎祭りへの深い思いを知ること
ができた。記して感謝の意としたい。

【参考文献】※著者名五十音順
飯田道夫（1998）『サルタヒコ考―猿田彦信仰の展開』臨川選書
五代秀堯、橋口兼柄共編（1966）『三国名勝図会』下巻、南日本出版文化協会
近藤津代志（1995a）「佐多町の民俗（伝統食・信仰・農業・林業・家畜・口承文芸・

年中行事・他）」『佐多町民俗資料調査報告書（1）佐多町の民俗』鹿児島県佐多町
　教育委員会、176-230

―――（1995b）「御崎祭り」『大隅』大隅史談会、38：148-171

―――（2001）「御崎祭り（祭り囃子が聞こえる36）」朝日新聞朝刊（鹿児島版）1月19
　日付記事

佐多町誌編集委員会編（1973）『佐多町誌』

下野敏見（1995）「佐多の古代史を考える―民俗と歴史との間」『佐多町民俗資料調査
　報告書（1）佐多町の民俗』鹿児島県佐多町教育委員会、10-32

―――（2004）『御田植祭りと民俗芸能』岩田書院

武田篤志（2015）「南大隅町佐多地区の『御崎祭り』にみる祭りの現在形」『地域総合
　研究』43（1）：19-42

―――（2016）「南大隅町の場所文化とホスピタリティの可能性をさぐる」『地域総合研
　究』43（2）：55-69

―――（2020）「南大隅町佐多の御崎祭りと郡・近津宮神社の神面群」『地域総合研究』
　48（1）：51-68

坪井洋文（1986）『民俗再考―多元的世界への視点』日本エディタースクール出版部

―――（1989）『神道的神と民俗的神』未來社

中村明蔵（1986）『熊襲・隼人の社会史研究』名著出版

―――（2001）『隼人の古代史』平凡社新書

野田千尋（1966）『佐多岬―わが本土のさいはて』南日本出版文化協会

細谷章夫（1996）「佐多町の信仰風土」（第二編　佐多町の生活と文化）鹿児島県立短
　期大学地域研究所編『研究年報』第25巻

牧島知子（2018）「御崎祭り」『鹿児島民俗』153号：9-19

森田江身子（1995）「佐多町の浜下り」『佐多町民俗資料調査報告書（1）佐多町の民
　俗』鹿児島県佐多町教育委員会、282-294

柳田國男（1990）『柳田國男全集15』ちくま文庫

山本哲士（2008）『新版　ホスピタリティ原論―哲学と経済の新設計』文化科学高等
　研究院出版局

―――（2013）『国つ神論―古事記の逆立解読』文化科学高等研究院出版局

Urry, John（1995）*Consuming Places*, Routledge.（＝2003、吉原直樹・大澤善信監訳
　『場所を消費する』法政大学出版局）

テレビドキュメンタリー番組
「ダイドードリンコスペシャル　七浦に神渡る〜佐多の御崎祭り〜」MBC南日本放送

2014年 3 月21日放送

南大隅町出身のディレクター・田中ゆかり氏によるドキュメンタリー作品
「ドキュメント九州　神輿のバトン」2018年 3 月27日放送（鹿児島テレビ放送制作）
「ふるさとは生きている」2018年 5 月30日放送（鹿児島テレビ放送制作）

コミュニティ概念と地域福祉

高橋 信行

はじめに

　もう30年以上も前の話になるが、ある在宅福祉に関するシンポジウムで、フロアーから次のような質問が出たのを聞いたことがある。「大変基本的な質問で申し訳ないが、コミュニティが何なのか、どうしてもわからないので教えてもらえないか」というのである（コミュニティの概念は、このシンポジウムでもキーワードになっていた）。確か社会福祉協議会の職員の方と記憶しているが、報告者たちは大変戸惑った様子であった。やがて一人が「コミュニティはこれから我々が作り上げようとしているものなんです」と答えた。質問者は納得のいかないようであったが、そのまま引き下がった。地域福祉展開のなかで、コミュニティという概念は、基本的かつ鍵となるものと考えられるが、実体概念なのか、期待概念なのか、曖昧ななかで議論されてきたように思う。そして今でもこの概念の曖昧さは変わらない。まずはコミュニティ概念の定義について話をはじめていく。

1．コミュニティの定義をめぐって

1-1．ヒラリーの分類

　コミュニティとは、我々が住んでいる地域の単位であり、そのなかで人は共通の生活を営んでいる。

　ヒラリー（George A. Hillery, Jr.）は長くコミュニティ概念の規定に関して、文献を集め、実に94の定義の内容を分類し、定性的、定量的に分析を行ってい

る。定義が使われた頻度ではなく、示された定義の数に重点をおいて分析をすすめている。その結果、16項目の異なる概念を定義者が用いており、矛盾する定義を示した著者が2名以上いたという。しかしコミュニティがある地理的に限られた領域内で社会的相互作用が行われる人々により構成され、その他に、一つ以上の共通する絆があるという点に基本的に合意しているという（Hillery 1982: 15）。そして地域、共通の絆、社会的相互作用、それぞれ、順番に重要性が大きいという（Hillery 1982: 23）。

　社会的相互作用より共通の絆が上位に来る点も興味深いが、共通の絆は、内容的には少し曖昧だろう。

1-2. インケルスの定義

　上の多数の研究者に共通に見られた定義のうち、典型的なものとして、インケルス（Alex Inkeles）の定義を示そう。そこでは、①一群の家族が地理的に限定された地域に比較的集中していて、②そうした地域の住民たちが統合された社会的相互作用を十分に行っており、③血縁的な紐帯にもとづくだけではない、共通の成員感情と帰属感とを持っている場合に地域社会、すなわちコミュニティは成立する（Inkeles 1964: 68=1967: 120-121）とする。

　ここでも、地域、社会的相互作用、紐帯、共通の成員感情や帰属感と、ヒラリーが分類したものと共通している。

　上記の定義を参照すると、コミュニティは、大きくても市区町村の自治体、小さく捉えると中学校区や小学校区の範囲程度で捉えられる。（自治公民館、町内会、自治会、校区社協など）また自治体の境界領域では2つの自治体にまたがるようなコミュニティがあるかもしれない。

1-3. マッキーヴァーの定義（アソシエーションとの比較から）

　マッキーヴァー（R. M. MacIver）の大著は、その名もまさに、『コミュニティ』である。その著の中で、「コミュニティという語を、村とか町、あるいは地方や国とかもっと広い範囲の共同生活のいずれかの領域を指すのに用いようと思う」と述べ、コミュニティは何らかの形でそれを超えた地域と区別される特徴を持っており、共同生活は独自の特徴があるという。「人間が共に生活をするところには常に、ある種のまたある程度の独自な共通の特徴－風習、伝統、

言葉使いそのほか－が発達する」（MacIver 1917=1975: 46）と言っている。

　また彼は「アソシエーション」との対比からもコミュニティの特徴を述べている。「アソシエーションとは、社会的存在がある共同の関心（利害）または諸関心を追求するための組織体である。それが共同目的に基づいてつくられる確定した社会的統一体である。」（MacIver 1917=1975: 46）

　「コミュニティは、社会生活の、つまり社会的存在の共同生活の焦点であるが、アソシエーションは、ある共同の関心または諸関心の追求のために明確に設立された社会生活の組織体である。アソシエーションは、部分的であり、コミュニティは統合的である。1つのアソシエーションの成員は、多くの他の違ったアソシエーションの成員になることができる。」（同上：47）

　アソシエーションは一つないしいくつかの共通の関心事の達成のための社会生活上の組織である。アソシエーションは部分的なものであり、コミュニティはすべてを包摂する。大事な点は、こうしたさまざまなアソシエーションを含んだ形でコミュニティが存在するということだろう。

2．良きコミュニティの基準

　コミュニティの議論の中で、コミュニティを期待概念や理想型として語られることが多くなり、ついには「良きコミュニティ（good community）」の要件についての議論も出てきた。ウォレン（Ronald L. Warren）は、「良きコミュニティ」を問うとき、直面する九つの問題があるという。ここではこの九つの問題に注目し、彼の見解に沿って要約して説明してみる（Warren: 413-419）。

①基本的集団関係　primary group relationship
②自治　autonomy
③実現可能性　viability
④権限の配分　power distribution
⑤参加　participation
⑥関与の程度　degree of commitment
⑦不均質の程度　degree of heterogeneity
⑧近隣統制の範囲　extent of neighborhood control
⑨利害対立の範囲　extent of conflict

①基本的集団関係

「コミュニティはお互いをよく知っている人々の集団」ということはあるが、地域の人々全員がこのように個人的に知り合いであることは極めて小さいコミュニティ以外は有り得ない。人々はどの程度まで知り合いになるべきか。

②自治

コミュニティで何が起きているかに関する判断は、地域の人々によってなされるべきである。連邦政府の職員や州議会や国内企業の本部やボランティア協会によって判断されるべきではない。自身の地方自治に関して真剣なコミュニティは、地方自治を明白に侵害するものに対して抵抗があった。もしも我々がどのようなコミュニティを本当に望んでいるのかを明確にしたいならば、この点を十分に考察する必要がある。

③実現可能性

地域の人々がある種の協調的行動を通じて自分たちの問題に効果的に立ち向かうための能力という意味である。地域開発運動、自発的地域事業、専門的地域組織の大半は、コミュニティが自己の抱える問題を評価してそれに関する行動を取るのを手助けするという目的のためである。

④権限の配分

意思決定の権限が人口全体で平等に分配されているとした研究はただ一つもない。それどころか、程度に違いはあるものの、全ての研究がコミュニティの決定の権限は不平等に分配され、比較的少数の人々が意思決定における途方もない権限を行使していると指摘する。

多くの研究報告において著者の考え方は、コミュニティの権限は現在よりももっと広範に分配されるべきだという信念の方向へあからさまに民主的なバイアスがかかっているのは非常に明白である。しかしながら、「良きコミュニティの中で権限はどのように分配されるべきか」という疑問に、「現在よりも広範囲に」という単純で検証もされていない訓戒を超えて答えようとした研究は、自分(ウォレン)が知る限りにおいてない。

⑤参加

コミュニティに関心がある大半の人々は、より多くの人がコミュニティに関する事に参加する方が良いと信じている二つの相関する状況が関係している。

一方においては、様々な権力・権限構造の研究によって示されているように、市民の大集団が系統的に、もっとも重要なコミュニティの判断のうちいくつかを統治する意思決定プロセスから排除される。他方においては、広範囲に無関心が起こり、機会がある場合ですら多くの市民が参加しない。参加はどのくらい広範囲であるべきだろうか。もし全員が全てのことに参加できないとしたら、どのような取り決めが適切だろうか。

⑥関与の程度

　自分の住むコミュニティに対して、最大の関心事であるべきなのだろうか、単に補助的な存在であろうか。多くの地域開発従事者は、コミュニティは個人にとって重要事項であるべきと捉えている。大陸内・大陸間通信や輸送が発達し、人々が場所から場所へと移動して頻繁に住居が変更される今日の分化した世界では、コミュニティを最重要として同定できるとすることが現実的なのかは疑問である。

⑦不均質の程度

　自分の住む良きコミュニティの住人の間で、どの程度までの違いあるいは類似性を希望するだろうか。不均質（異質性）の概念は、経済的、人種的、または民族的に分離されたコミュニティの住人よりも、人口構成の代表例のようなコミュニティに住む人々にとってより良い価値観として受け入れられてきたが、マイノリティを排除する条例や協定の合憲性が破綻してきている。今日、様々な形で提言されている不均質なコミュニティ内の均質な近隣地区という考え方をどのように受容できるだろうか。

⑧近隣統制の範囲

　近年、地方分権化と近隣統制への動きに拍車がかかっている。これには複雑な大都市において集権的に役所が一元管理するのは困難とするものや自分の住む近隣地域の受益者により近い形でサービスを提供してほしいというニーズの高まりが多くの領域で認識されていることも挙げられる。

⑨利害対立の範囲

　あなたの住む良きコミュニティで、どの程度衝突が起きるのだろうか。「良きコミュニティは利害対立のないコミュニティ」という一般的な合意はもはや存在せず、この点は、良きコミュニティとはどのようなものかに関して有意義に論じたいならば向き合わなければならない問題の一つである。

　ウォレンの良きコミュニティの基準には幅があり、程度やレベルの差がある。彼は社会学者らしい態度で、果たしてどのレベルを住民は良きコミュニティとして許容するのかと問うている。

3．日本におけるコミュニティ概念の創設

3-1．生活の場における人間性の回復

　日本におけるコミュニティ論の契機となったのは、国民生活審議会調査部会「コミュニティ—生活の場における人間性の回復」報告書（1969、以下「人間性の回復」）であると考えられる。

　その中で、コミュニティを次のように定義している。

　　<u>生活の場において、市民としての自主性と責任を自覚した個人および家庭を構成主体として、地域性と各種の共通目標をもった、開放的でしかも構成員相互に信頼感のある集団を、われわれはコミュニティと呼ぶことにしよう。</u>この概念は近代市民社会において発生する各種機能集団のすべてが含まれるのではなく、そのうちで生活の場に立脚する集団に着目するものである。（国民生活審議会調査部会 1969：2、下線は筆者）

　こうした定義の下、コミュニティ議論を行った背景には、日本社会の構造的変化があげられる。それは経済成長と産業構造の変化のなか、一方では、これまでの古いタイプの共同体は、「古い家族制度を基盤とした閉鎖的な全人格的運命共同体的性格を特色としており、構成員である住民の自立性は表面化しなかった。個人は共同体に把握され、その中に埋没していた」（同上：1）とする認識と、マイホーム主義という言葉に象徴される「人対人のつながりがきわめて微弱にしか存在しない社会における個人については、無拘束性の反面としての孤立感が深まり、個人の力では処理出来ない問題についての不満感や無力感が蓄積されることにもなろう」（同上：1）という認識である。

　「人々の間に新しいつながりが必要であるとしても、それは人々の自主性を侵害するものであってはならない。またかつての地域共同体にみたような拘束性をそのまま持込むものであってもならない。現代市民社会は拘束からの自由と

同時に参加する自由も保障するものである。人々はある時には孤独を愛し、他の時には集団的帰属を求めるのであるから、このような要求に対応する開放性が必要である」（国民生活審議会調査部会 1969：2）。先の定義には、こうした思いや期待がみられる。それは、少し長い目で見れば、戦後社会の在り方の再構築をねらったものとも考えられる。

　このコミュニティ定義は、英語圏で議論されているcommunityの定義としては、やや異色なものである。それは農村社会を典型例とする、封建的な地域のありようを批判し（例えば福武直『日本農村の社会的性格』など）あるいはまた戦争にも協力した町内会に対する不信も感じられる。例えば『コミュニティの社会設計―新しい〈まちづくり〉の思想』所収「現代に甦るコミュニティ」の中で、大森彌は、次のように述べている。

　　昭和45年前後に、「コミュニティ」再建の必要性が提唱されたとき、警戒心をもって覚醒された社会的記憶は、戦前日本の戦時体制において統治機関の末端装置として組み込まれた「町内会」にまつわる不快な体験であった。町内会は、「非国民」の監視と通報の役割を担いつつ、「隣保共同」の名分の下に利己主義的な都市住民の行動を規律する地域の単位組織であったからである。（大森 1982：7）

　村落共同体の崩壊とともに、あらたな共同体精神が醸成されていないところから、いわば民主的な期待概念として、コミュニティが想起されたのである。審議にあたったのは、当時の気鋭の社会学者たちを中心に展開されたコミュニティ論者である。

3-2．奥田道大のコミュニティモデル

　「生活の場における人間性の回復」の委員でもある奥田道大は、その後も議論を発展させ、影響力の強いコミュニティ論を展開した。奥田は、コミュニティ＝「人間性回復の生活基点」という捉え方は、積極的、価値的次元にかかわり、コミュニティは、誰にとっても望ましいものとしての「期待概念」であることを認めている。ただ問題は、生活の場における人間性の回復が、コミュニティのタームのもとに提起され、強調されるのが、体制のサイドであるという事実

にある。生活破壊、人間疎外状況をまさに生み出す体制サイドにおいて、コミュニティがとりあげられるという論理的矛盾（現実機能としては適合的）に注意しておきたいと述べる。これは後に述べるコミュニティの概念枠組みの「主体化」の側面の議論である。他方で、主体化との関連で導かれる第二のポイントがある。これは「普遍化」の側面である。コミュニティの普遍化とは、コミュニティにかかわりあう住民の価値が特殊主義的価値（particularistic value）ならぬ普遍主義的価値（universalistic value）に支えられることを意味する。かりに主体化の与件が普遍化の与件と対応関係を見出せない場合、それは他と断絶された地域小宇宙での"われわれ行動"（地域埋没的なぐるみ的連帯行動）や"われわれ意識"（排他的な地元共同意識、郷土愛）を強調するものでしかない。普遍的ひろがりとは、コミュニティの価値が地域の枠を越えて全体社会的系に還元されることを指すのではなく、特定のコミュニティが他のコミュニティと交流し、連帯しうる価値を共有するという意味あいである（奥田 1983：24-28）。

　奥田は、これら二つの次元を基に4象限のコミュニティタイプを理念型として例示した。

　一つの軸は主体的行動体系－客体的行動体系であり、社会体制によって対象化・客体化された受動的状態から、どの程度まで主体性を確立し、能動的・自発的に行動するようになったかを捉えるものである。二つめは、普遍的価値意識－特殊的価値意識であり、ほかの地域社会から隔絶された地域小宇宙という排他的な地元共同意識に支配された状態から、どの程度まで脱却して、他のコミュニティと交流し連帯し得る価値を共有するようになったかを捉えるものである。

図1　二つの次元から捉えられるコミュニティのタイプ

　このコミュニティ論は、明快な考え方とともに広く日本のコミュニティ論に

浸透している。[1]

3-3.　コミュニティ形成と社会福祉

　『コミュニティ──生活の場における人間性の回復』報告書から、2年、社会福祉に焦点化した新たなコミュニティ論が中央社会福祉審議会で報告されている。

　このなかでは、コミュニティは次のように定義されている。

　「コミュニティ」とは、地域社会という生活の場において、市民としての自主性と主体性と責任を自覚した住民によって、共通の地域への帰属意識と共通の目標をもって、共通の行動がとられようとする地域社会の条件であり、またこれを支えるその態度のうちに見出されるものである。生活環境を等しくし、かつ、それを中心に生活を向上せしめようとする方向に一致できる人々が作り上げる地域集団活動にこそ、コミュニティが醸成される。（中央社会福祉審議会 1971：6）

　1969年の『コミュニティ─生活の場における人間性の回復』の定義をほぼ踏襲しているように思えるが、農村社会や自治会等への批判的な視点は影を潜めているようにみえる。

　メンバーにも松原治郎のような社会学者とともに、在宅福祉サービス論で有名な三浦文夫が名を連ね、福祉寄りの、コミュニティ・オーガニゼーションやニーズ論の流れをくむものと言えるだろう。生活改善運動との連動性も感じられる。

　「コミュニティ形成の今日的意義」では、コミュニティ形成の必要性が以下のように記述されている。「急速な経済成長やこれに伴う地域間、産業間の人口移動は、技術革新の進展や情報化社会の急速な進行と相まって地域住民の生活様式や生活意識に変革をもたらし、また、生活の自然的、社会的環境の悪化をもたらしている。そしてこのような変革に対応することができず解体の方向をたどりつつあるが、これにかわるあらたな地域社会が形成されないまま、住民の

1　例えば、日本ソーシャルワーク教育学校連盟編集『地域福祉と包括的支援体制』（6ページ）には、2021年現在でも奥田のコミュニティモデルが援用されている。

多くは孤独な不安な生活を余儀なくされている」（中央社会福祉審議会 1971：4）。一方核家族化等の進行により家族の生活保障機能が減少、これにかわる社会的サービスの必要性が増大。余暇の増加によるニーズも増大しているとしている。

またコミュニティの枠組みの定義を加えているところも特徴と言える。もともとコミュニティをコミュニティたらしめる条件は、①同一地域に生活している人々の集群であること（地理的規定）②その人々の生活上の相互関連の体系であること（相互作用的規定）の2点から説明されていたが、今日ではさらに、③その生活相互行動を一定地域内で果たさしめているところの生活環境施設の体系（施設的規定）であり、④この人々がもつであろう生活利害と行動の共通性を生みだす可能性にみちた人々の共通行動体系（態度的規定）であるという観点がとくに強調されている（中央社会福祉審議会 1971：6-7）。

前に議論した、ヒラリーたちの定義と同様に、コミュニティの箱としての定義を付け加えている。

また「コミュニティは現実の存在概念というより、むしろあるべきもの、つまり当為概念として意図的に形成されるべきもの、自然にできるものではなく、作っていくものといってよいから、そのための戦略的ポイントとして、一定の範域を想定することもまた必要であるといえよう」（中央社会福祉審議会 1971：7）と、このあたりは、「人間性の回復」での議論を踏襲しているような印象を受ける。

全体に、この報告書は、「人間性の回復」に比べると、実地調査等は行われず、現状分析という点では不十分であるが、後半部はコミュニティ・オーガニゼーション、地域福祉施設として、コミュニティセンターなどの施設の機能の説明、地域福祉センター、地区福祉館、専門別福祉センターなど社会福祉に特化した側面もあり、コミュニティケアの展開や地域福祉施設と住民参加など、後に説明する岡村重夫のコミュニティ論の影響もうかがえる。

この報告書について、園田恭一は、「今日における家族や地域社会の分裂や解体の傾向を論ぜずに、あるいは老人や障害者に対する軽視や根強い偏見や差別が存在しうることを取り上げずに居宅や地域でのケアを強調することは問題があろう」と述べ、加えて「今日における社会福祉と大きく関わりを持つ、社会的要因に起因する失業や貧困、あるいは、社会的条件が直接的に作用している

交通災害、労働災害、薬害、公害の被害者等々の問題の実態や解決方法などに一言一句もふれていないのも問題であろう」（園田 1978：157）と批判している。確かに、福祉施設建設をめぐり地域と施設が（施設建設反対運動等）コンフリクトを起こすことが、多年にわたって問題となっている。

3-4. コミュニティ再興と市民活動の展開──エリア型コミュニティとテーマ型コミュニティ

　コミュニティに対する新たな期待としては、2005（平成17）年国民生活審議会総合企画部会報告「コミュニティ再興と市民活動の展開」のなかで提案されている。背景としては、人々がつながりを失い、孤立しているという「社会的孤立」の問題がある。

　ここでは、コミュニティを「自主性と責任を自覚した人々が、問題意識を共有するもの同士で自発的に結びつき、ニーズや課題に能動的に対応する人と人とのつながりの総体」（国民生活審議会総合企画部会 2005：1）と定義し、同じ生活圏域に居住する住民の間でつくられる「エリア型コミュニティ」が停滞する一方で、特定のテーマの下に有志が集まって形成される「テーマ型コミュニティ」が登場しているとしている。そして両者が補完的・複層的に融合し、多様な個人の参加や多くの団体の協働を促していく形が考えられ、いわば多元参加型とも呼べる新しい形のコミュニティを志向することが求められるとしている。

　コミュニティの再興の形としては新しい形のコミュニティの創造、旧来のコミュニティの再活性化、新旧コミュニティの融合という様々な方向性が考えられる。しかし、いずれにしても、特に市民活動が地域社会の中で広く受け入れられ活発化していくことが鍵を握るものと確認されたとし（国民生活審議会総合企画部会 2005：1）、特に再興の条件として、①多様性と包容力、②自立性、③開放性という三つをあげている。

　おそらく、「人間性の回復」においても自立性と開放性は強調されていた点であるが、ここに多様性と包容力が第一に来ている点は、時代の変化にともなうものであろう。

4．地域福祉論におけるコミュニティ論の位置

　地域福祉におけるコミュニティの扱いについても、ながらく、「人間性の回復」の報告とその流れでのコミュニティ論が援用されてきた。

4-1．地域組織化活動―岡村重夫の地域福祉論

　岡村重夫は、日本の地域福祉論の草分け的存在であり、彼の『地域福祉論』は、1974年に出版され、時期的にも「人間性回復」を基軸に展開された日本型コミュニティ論と、さまざまな点で考え方を共有し、これに地域福祉としての視点を加味して展開されている。

　岡村重夫の地域福祉の概念は、「地域組織化活動」「コミュニティ・ケア」「予防的社会福祉」からなるが、このうち、「地域組織化活動」は、一般地域組織化と福祉組織化にわかれ、「一般地域組織化」は、あるべきコミュニティを作っていこうとする活動であり、コミュニティ形成の問題は直接にこの一般地域組織化に関わる。これはまさに、「人間性の回復」で議論しているコミュニティのあり方、そのものであると言える。

　これに対して「福祉組織化」の目的は、「福祉コミュニティ」づくりである。コミュニティ論を地域福祉の観点から捉え直そうとするとき、福祉コミュニティの概念はキーワードになるように思う。

　彼は地域福祉のための地域組織化活動は、一般地域組織化活動だけでは不十分であり、もっと直接的な関連をもつようなコミュニティづくりが必要であるという。このようなコミュニティづくりを「福祉組織化活動」と名付け、次のように述べる。

　　一般コミュニティにおいてみられる自然発生的な相互扶助は、彼らをコミュニティの一員として受容し、支持するものではあっても、それによって何らかの特殊サービスとしての具体的な援助を期待しうるものではない。してみれば、これらの生活上の不利条件をもち、日常生活上の困難を現に持ち、または持つおそれのある個人や家族、さらにはこれらのひとびとの利益に同調し、代弁する個人や機関・団体が、共通の福祉関心を中心として特別なコ

ミュニティ集団を形成する必然性をみとめることができよう。これをいま「福
祉コミュニティ」とよぶならば、それは前述してきた「地域コミュニティ」
の下位コミュニティとして存在し、両者のあいだに密接な協力関係があるこ
とが望ましい（岡村 1974：68-69）。

4-2. 福祉コミュニティの機能

　岡村は、福祉コミュニティの機能として「対象者参加」「情報活動」「地域福
祉計画の立案」「コミュニケーション」「社会福祉サービスの新設・運営」の5
点を挙げている（岡村 1974：88-101）。

①対象者参加

　社会福祉サービスの計画や運営の方針が、少数の権力エリート層や一部の官
僚によって決定されることを避け、住民や社会福祉サービスの対象者の意図、
目的を反映させるために、住民が計画の決定、実施に参加する。すなわち住民
の自治を、社会福祉の領域において実現すること、社会福祉行政の専門化とそ
れにともなう官僚制の割拠主義ないしバラバラ行政の弊害を是正するために必
要であること、そして政治や行政に無関心になりがちな住民に対して、必要な
地域社会や福祉についての情報を提供し、集団活動に参加する機会を提供する
ことをあげている。

②情報活動

　社会福祉サービスの対象者の生活実態、とくにその人々の真実の生活上の要
求、また現行の社会福祉サービスの欠陥、すなわち住民の真実の生活上の要求
に対して地域社会資源が対応していない事実、さらに近い将来において起こる
と予想される地域社会の福祉問題についての情報の収集と整理、及びそれらの
情報の提供である。

③（福祉コミュニティ自身による）地域福祉計画の立案

　福祉コミュニティの計画は、コミュニティの中核的な構成員としての社会福
祉サービスの受給者ないしは利用者たる住民の価値選択に依拠しながら、その
権利と利益を擁護・進展させるような福祉計画を立案しなくてはならないとす
る。

④コミュニケーション

　第4の機能は、コミュニティ内外にわたるコミュニケーションである。ここ

でいうコミュニケーションとは、「コミュニティ構成員の間で、共通の価値観や共通理解の範囲を広げていく過程」である。

⑤社会福祉サービスの新設・運営

第5の機能は地域社会における社会福祉サービスの新設と運営である。

ここに示す福祉コミュニティは、行政の指示や依頼を受けて地域で活躍する団体というよりは、ニーズを抱えた人々や関係者が時に行政と対峙しながら、自分たちの価値を共有したり、ニーズを実現したりする団体のようにみえるし、福祉行政ではなく、地域福祉を推進しているとすれば、福祉アソシエーションとも考えられるのではないか。

4-3. 地域福祉論のなかのコミュニティ議論

岡村や奥田の議論の影響は、地域福祉論のなかで今でも色濃く残っている。

たとえば、1989年の社会福祉士養成テキスト（中央法規出版）「地域福祉論」（14-17ページ）でも奥田の分析枠組みは使われており、また2020年のテキストでも同様の記述があるが、コミュニティ再興でのエリア型、テーマ型などについても言及されている。

ただ地域福祉においては、「地域コミュニティ型組織」と「アソシエーション型組織」という区分を用いて同様の説明を行っている。「地域コミュニティ型組織」は一定の生活圏域で形成される自生的な共同性によって成立する団体や活動の集合体をさし、典型例は町内会、自治会である。また「アソシエーション型組織」は、人々の特定の関心を満たすために自主的につくられる団体や組織、あるいは、それらを通して活動する人びとの集合体を指す。そして両者の連携を求めている。例えば「地域コミュニティ型組織」が特定の生活課題に対して「アソシエーション型組織」に専門的知識を求めたり、「アソシエーション型組織」を立ち上げるために「地域コミュニティ型組織」に協力を求めたり、両者の協議会を設立したりなどのケースを例示している（小林 2010：43-47）。

エリア型とテーマ型の区分とほぼ同様の区分であるが、興味深いのは、あえてアソシエーションという用語を用いている点である。

4-4. 今日コミュニティを議論する意義

エリアを意識した地域社会のありようをあえて「地域コミュニティ」という

言い方をしている。我々の意識の中には、特定の目的別アソシエーションより
は、生活に関連する総合的な役割をコミュニティに感じている。しかし、こう
した存在の機能は日に日に脆弱になってきており、アソシエーション型の集団
との共同が求められているのである。今でも、「人間性の回復」で用いられたコ
ミュニティ論に依拠する、奥田道大のコミュニティ論は、地域福祉論のテキス
トに用いられている。地域共同体モデル→伝統的アノミーモデル→個我モデル
→コミュニティモデルへの展開は、今どうなっているのか、これは歴史的な展
開として考えるのか。役割を分担しての地域リーダーは存在するか。そこでは
責任分有型の地域リーダーが用いられたが、特に過疎地域においては、さまざ
まな役割を担う多機能リーダーが現実には存在しているのも事実である。果た
してコミュニティ論は、現在の地域福祉論にどのような貢献ができるか。

5．清水理論における集団の概念とコミュニティ

5-1．コミュニティ要素としての相互作用

　コミュニティの規定要件として、ヒラリーもインケルスも「社会的相互作用」
を条件においている。しかし、相互作用の形式には、さまざまなものがあり、
単に行為のやりとりをコミュニティの要素と考えられるだろうか。それは集団
を相互作用の頻度だけで規定するのに似ている。例えば、道を歩いている人が、
前から来る人とぶつかりそうになってよけるとか、あるいはぶつかってけんか
になることがあるかもしれない。しかしこの種の相互作用をもって集団を規定
することはできないだろう。ある種の社会的結合をもとめる社会関係も分離を
前提とする争議も行為のやりとりとしての相互作用は存在するだろう。

　清水盛光は、集団の本質を、「実現されるべき共同のものに対する、手段とし
ての相互作用のうちにでなく、これと逆に、相互作用を手段として規定する、
実現されるべき共同のもののうちに求められるべきであろう」（清水 1971：52）
と述べている。

　清水は、『集団の一般理論』において、社会関係を規定する三つの意味連関に
ついて言及している。それは「相互志向関係」と「共通志向関係」と、「共同志
向関係」である。

　これらの関係について、清水の原文を引用しながら説明してみる（清水：15-

16)。

　第一の「相互志向関係」は、人々のもつ意味と意味が相互に限定しあうだけでなく、意味の志向も、自他を対象として——自他の人格を対象とする場合と、自他の持つものを対象とする場合の二つをふくめて——相対し、しかもその志向が自他の差別意識をともなう、個人の志向として働いている関係である。

　これに対して第二の「共通志向関係」も、自他のもつ意味の相互限定にもとづいて生まれるが、意味の志向が、ここではすでに、相互的ではなく同じ対象にむかって並行的にはたらき、それに伴って人々の間には、志向の同一、または類似が成立している。しかし、志向の同一または類似は、なお志向の共通ではなく、志向の同一または類似が同時に共通であるためには、志向の同一または類似の相互了解が、個人と個人を意味的に結びつけなければならない。

　最後に第三の「共同志向関係」は、同じ対象への志向の同一または類似の事実を前提とする点で共通志向関係に近似するが、共通志向が、同じ対象への志向の同一または類似の相互了解をともなう、その対象への個別志向の輻合関係に過ぎないのに対し、志向の共同においては、同じ対象にむけられた志向が、他と共にすると同時に他によって共にされるという志向意味の相互限定にもとづいて共同化し、心理的には各人のうちにある複数の志向が、体験的には単一化した、共同の志向として意識され、それと同時に、志向する複数の個人も、ふつうの場合、複数の志向主体としてではなく、何ほどか一体化し、また無差別化した共同の主体として体験される。

　共同志向関係においては、共通志向関係のうちになお存在する自他の差別意識と、志向の個別性の体験がともに消滅して、主体の一体的無差別化と、志向の共同的単一化とが成立するのである。

5-2. コミュニティ要素としての共同性

　コミュニティ規定のなかでも「共同性」は主要な構成要素と捉えられている。ヒラリーの分類でも「共通の絆」が、インケルスにおいても共通の成員感情が言及されていた。また「人間性の回復」においても、「各種の共通目標」が強調されている。「コミュニティ形成と社会福祉」でも「共通の地域への帰属意識と共通の目標をもって、共通の行動がとられようとする地域社会の条件」とされる。

　清水が集団の一般理論において、「相互志向」、「共通志向」、「共同志向」に着目したのは、集団を考える際の、段階的な集団としての特性を示唆しているように思え、「共同志向」を主とした社会関係ほど、その集団性は高くなっていくようにみえる。そして、コミュニティの現状を考える上で、コミュニティの特性が弛緩していく過程のなかで、「共同志向」から「共通志向」へ、そして「相互志向」への展開が見られるのではないかというのが私自身の仮説である。

　全体的には、生活に関わる様々な問題について多機能的に関わってきた自治会や町内会のような団体の役割が減少し、またこれに参加する住民の割合も減ってきた。地域社会の多くの機能がいわばアソシエーションという組織によって担われるようになってきた。例えばお祭りは、以前は主としてコミュニティが、住民が主体的に関わっていたが、今は特定のイベントを企画するアソシエーションが実施し、それをお客様のように見ている住民という構図になってきている。また近年では、住民が感染症の流行等により、直接に交流をもつ機会も減ってきている。都市部においては、コミュニティの住民の移動性が高まり、過疎地域においては、人そのものが減少したり、高齢化したりしている。

　その意味で、共同志向の基本と考えられる、共同目標や共通の課題を住民自身が意識しにくくなっている。究極的には、社会的相互作用は頻繁であるが、必ずしも同じ方向を向いてはいない、著しく弛緩したコミュニティへの道を進んでいるようにも思える。しかし、また災害等の共通の関心事が発生した時には、こうした共同性は高まってくる。

6．これからの論点

　1970年前後の「人間性の回復」報告書に示されたコミュニティの取り扱いは、一方においては、農村社会、家族制度を基本とした封建的な共同体からの離脱、また戦争に荷担した旧自治会のあり方も批判して、民主的で個人を尊重するという基調である。ただし、個人主義的マイホーム主義というよりは、民主的共同性を基本とする「コミュニティ」を期待概念として構築した。その概念規定は、奥田道大によってより詳しく展開され、地域福祉論でも、この奥田のコミュニティについてのフレームは受け継がれている。しかし奥田の4象限モデルでは、現代社会におけるコミュニティを十分描き出せていないのではないかと思

う。奥田が示した、二つの軸、主体的―客体的、普遍主義―特殊主義を中心とした四つのモデル、そしてリーダー像としての責任分有型のリーダーの在り方が理想とされたが、例えば地域活動への無関心は、すでに古い共同体からの変化とだけ言えなくなっており、さまざまに、考慮しなければならない問題もある。

1990年以降も阪神淡路大震災や東日本大震災等の災害が起きる中でも、コミュニティの在り方が問われたし、限界集落議論も別の意味でコミュニティの在り方が問われた。災害時にしばしば、共同意識が高まること、同じ危機を共有する中で住民の間に協働的態度が醸成されること、コミュニティ同士の協力や連携、インター・コミュニティワークとでも言えそうな活動の、オンラインコミュニティとの連携なども考慮事項である。

現代社会の諸特徴を念頭に考えると、社会的孤立や一人暮らしが増えていく時代、家族や会社が基礎的な人間関係構成の場として機能しなくなっていること、コロナ等の感染症等が人々の交流を阻害する点など、こうした問題を乗り越えていくためのあらたな地域コミュニティのあり方が議論されていいだろう。このような状況に見合うフレームが必要だろうと思う。残念ながら、今のところ筆者は、新しいコミュニティ概念の明確な規定を見出していないところであるが、ウォレンが提示した基準の振り返りがヒントになるかもしれない。断片的であるが、少し言及しておこう。

「基本的集団関係」の基準があり、なにほどかの暖かい人間関係がコミュニティには求められるが、暖かい―冷たいとだけは規定できない関係もある。昨今、ソーシャルキャピタル論で議論される「薄い信頼」や一般的互酬性、結合型から橋渡し型の区別など。

「自治」は今でもコミュニティ規定の重要な構成要素である。市町村レベルで言えば、多くの国や県からの受託事務があり、その方向性はこれまで以上に強くなっている印象を持つ。「実現可能性」については、過疎地域をはじめ、自分の地域の中で自分たちの問題を解決できない状況が増え、いわば限界集落等の言葉が使われ始めている。「関与の程度」については、単に権限が与えられていないとか社会的に排除されているという問題以外に、現代人が地域生活にどの程度重きを置くのかという点は気になる点である。「不均質の程度」、多様性が尊重される時代のなかで、共通性や共同性はどのような点に求められていくの

か。「利害対立の範囲」では福祉施設が建設されることに対する反対運動は今で
も頻繁におこっている。そしてそれは、旧来型の村落共同体に特徴的とは言え
ない。

　1990年代以降、新自由主義的な考えが社会の中で影響をもってきた背景もあ
り、市場を通じての相互作用は頻繁かもしれないが、多様化する地域生活のな
か、共通の課題や共同目標の喪失、コミュニティのエッセンスの希薄化が招来
されるかもしれない。

　コミュニティの弛緩を避けるには、現代のコミュニタリアニズムが主張する
「公共善」がキーワードかもしれない。目標志向の共同には、この概念との近似
性を感じる。

　菊池理夫は、「現代コミュニタリアニズムは、リベラルやリバタリアニズムに
認められる『原始論的個人主義』を批判し、他者や環境と関係性をもつ『全体
論的個人主義』の観点から、『よき環境』という『共通善』をコミュニティの成
員全員が熟議して追求する」(菊池2011：193)と述べている。

　共通善を形成するには、一方的な理念の押しつけではなく、熟議を必要とす
る。地域福祉が標榜する、合意形成の過程の重視、「プロセス志向」の考え方と
方法論に、もう一度立ち返るべきかもしれない。

【文献】※言及順

Hillery, Jr., George A.（1982）*A Reserch Odyssey: Developing and Testing a Community Theory*, Routledge, New Brunswick

Inkeles, Alex（1964）*What is Sociology*, Prentice-Hall, Englewood Cliffs（＝1967，辻村明訳『社会学とは何か』至誠堂）

MacIver, Robert Morrison（1917）*Community, a Sociological Study: Being an Attempt to Set Out the Nature and Fundamental Laws of Social Life*, Routledge, London（＝1975、中久郎他訳『コミュニティ―社会学的研究:社会生活の性質と基本法則に関する一試論』ミネルヴァ書房）

Warren, Ronald L.（1970）"The Good Community ―What Would It Be?" *Journal of Community Development Society* 1(1):14-24

国民生活審議会調査部会編（1969）「コミュニティ―生活の場における人間性の回復」コミュニティ問題小委員会報告

福武直（1949）『日本農村の社会的性格』東京大学協同組合出版部

大森彌（1982）「現代に甦るコミュニティ」奥田道大編『コミュニティの社会設計—新しいまちづくりの思想』有斐閣

奥田道大（1983）『都市コミュニティの理論』東京大学出版会

日本ソーシャルワーク教育学校連盟編（2021）『地域福祉と包括的支援体制』中央法規

中央社会福祉審議会（1971）「コミュニティ形成と社会福祉（答申）」

園田恭一（1978）『現代コミュニティ論』東京大学出版会

国民生活審議会総合企画部会（2005）「コミュニティ再興と市民活動の展開」国民生活審議会総合企画部会報告

岡村重夫（1974）『社会福祉選書1 地域福祉論』光生館

福祉士養成講座編集委員会編（1989）『社会福祉士養成講座7 地域福祉論』中央法規出版

小林良二（2010）「地域コミュニティ型組織とアソシエーション型組織の有機的連携」社会福祉士養成講座編集委員会編『新・社会福祉士養成講座9 地域福祉の理論と方法』第2版、中央法規出版：43-47

清水盛光（1971）『集団の一般理論』岩波書店

菊池理夫（2011）『共通善の政治学—コミュニティをめぐる政治思想』勁草書房

中華圏の地域アイデンティティと港の記憶
－香港と高雄を事例として－

森　勝彦

はじめに

　中華圏の近年の動向は様々な面において世界に影響を与えてきた。中華圏は面的な範囲としては中華人民共和国、一国二制度下の香港、マカオ、中華民国政府が実効支配する台湾から成る。しかしその外側に古くは唐宋代、多くは近代以降に世界各地に移民した華僑、華人のチャイナタウンのネットワークが存在する。最近はこれに加えて一帯一路政策の下で主としてユーラシア、アフリカに移民のネットワークが形成された。

　本稿で扱う中華圏は、中国、香港、台湾からなる政治的世界としての中華圏である。この三者は中華圏における国家、地域のありかた、相互関係を複雑な形で示している。それは国家、地域の主権、アイデンティティに関わるが、その問題は近現代を中心に歴史的に形成されたものである。近現代ではインペリアリゼーション（帝国主義化、コロニゼーション）、インターナショナリゼーション（国際化）、グローバリゼーション（環球化）の変化が起こった。中華圏は世界規模で起こったこれらの変化の中で、半植民地化、社会主義化、改革開放化などの道を辿ってきた。

　これらの変化を促進する役割の一翼を担ってきたのが港湾である。それぞれの変化の中で重要な役割を果たしてきた港湾が、その地域のアイデンティティをどれほど担うものか、都市レベルか、その後背地を含む広域レベルか、どの地域レベルであるにしてもアイデンティティが関係するのは、歴史的に形成された集合的記憶がある旧港がメインとなる。本稿で扱う香港と高雄（台湾）は、近代では植民地の歴史を有し、現代ではグローバリゼーションに組み込まれな

がらも中華圏の周辺部の地域アイデンティティの問題、即ち「中国化」と「本土化」の相克の中で旧港の役割が模索されている。

　具体的には2019〜2020年度の鹿児島国際大学附置地域総合研究所清水基金プロジェクト研究である香港（森 2020）と台湾の高雄（森 2022）の研究成果を、共通性、相違性、関連性の枠組みで再編成して比較する[1]。

1．港湾の形成と再開発

1-1．香港

　香港は本来、漁港であり蛋民の水上生活拠点があった。また九龍半島には海防拠点としての九龍塞城があった。19世紀半ばイギリスの植民地港として出発した香港は、中国、東南アジア、インドなどとの中継貿易を中心に発展してき

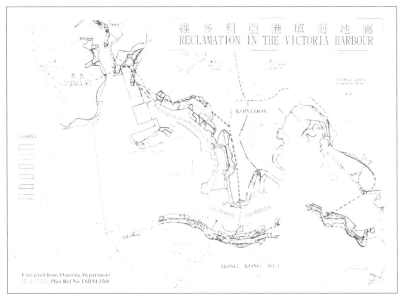

図1　香港の埋め立て変遷概略図
（http://www.harbourprotection.org/media/490/proportionality　所収図を概略化し、埋め立ての歴史の概略図とした。最終確認2020年10月20日）

1　論文集としての枚数制限により歴史地理的展開部分はかなり削除した。また本論の図の出典元の詳細は、森勝彦（2020）森勝彦（2022）も併せて参照されたい。

た。様々な規制や手続きをなくした自由貿易をメインとしたことが国際貿易港として成長した大きな要因である。またリアス式海岸で水深の深い港湾は、大型汽船が登場してきた19世紀後半以降の世界市場にリンクするには適していた。戦後、アジアNIESの一環として輸入代替型工業化から輸出志向型工業化に進展するにつれ、中継貿易に加工貿易が加わる形で船舶の種類、出入量も増加した。

　ここで港湾施設空間およびその背後の港町の変遷に基本的に関わっている埋め立ての歴史についてみよう。香港で埋め立てが本格的になされるのは第二次大戦後である。しかし第二次大戦前もヴィクトリア湾（図1のVICTORIA HARBOUR）を中心に緩やかなスピードであるが港湾施設、職住近接の居住街区が形成されていった。戦後の変遷と合わせると、香港の海岸部には、時期を異にする埋立地の境界があたかも年輪のように土地に刻まれていることがわかる（図1）。

　香港島北側のヴィクトリア湾沿いに敷設されたクイーンズ・ロードの北側に商品の積み下ろし施設、商社、倉庫が並び始めたのが19世紀の半ば頃である。マカオに倣って香港では、この海岸線を海傍という意味のポルトガル語のPrayaプラヤと呼んだ。1858年、アロー戦争後の条約により九龍半島がイギリスに割譲された。1858年に神戸、横浜がアメリカの外圧により開港し東アジアの貿易はますます盛んとなり香港はその中心となった。1898年には新界を99年租借し香港の地位を高めた。

　この時期、埋め立ても進んだ。そのなかで中環では大英帝国の威信を表象するための整備が行われた。1889年に計画され1904年に完成した埋立地にはクイーンズ広場が造られた。この広場の中心には、在位60周年の前年、1896年にヴィクトリア女王の像が据えられ、その四方にもイギリスの王たちの像が建てられた。方形の広場の周辺には現在も唯一残る旧香港高等法院や香港上海銀行、プリンスビルなどが建築された。この広場の前に皇后碼頭（Queen's Pier）の前身である皇后像停泊所（Queen's Statue Wharf）が設置された。クイーンズ広場とその周辺こそ大英帝国の威信を表象する場所となった。そして1925年に停泊所を新たに建てなおして皇后碼頭とした。これが初代の皇后碼頭である。皇后碼頭の近くには1898年に敷設された天星碼頭（Star Ferry Pier, Central）があり、このときは1912年にヴィクトリア様式で建てなおされた2代目の天星碼

頭であった。

写真1　皇后碼頭（手前）と天星碼頭（時計塔がある）（1928年）
出所：鄭寶鴻（2009）『香江騁懐：香港的早期交通』香港大学美術博物館

　皇后碼頭では香港総督の赴任や英王室の来香の際、歓迎行事が行われた（写真1）。

写真2　中環の干諾道の岸壁の碼頭群と洋楼群（1925年）
出所：鄭寶鴻(2009)『香江騁懐：香港的早期交通』香港大学美術博物館

　写真２の景観は、写真１のクイーンズ広場の前方にあった皇后碼頭と天星碼頭の西側沿岸を走る干諾道の岸壁に敷設された碼頭群と貿易商会などの洋楼群である。コロニアル様式の洋楼が立ち並び上海や天津のようなバンド景観が形成されていた。

　1950年代に中環の新たな埋め立てが始まり、皇后碼頭と天星碼頭は新たに造成された愛丁堡広場（Edinburgh Place）に移設された。皇后碼頭は公衆にも開放され1953年から利用された。これが２代目の皇后碼頭である。天星碼頭は1958年に移され、フィリップ王子がジャーディン・マセソン商会に送った機械式大鐘が収められた鐘楼が建てられた。これが３代目の天星碼頭である。

　この中環地区の第３回目の埋め立てが2003年から開始された。2006年11月に天星碼頭が現在の７号碼頭、８号碼頭に移り、４代目の天星碼頭となった。４代目の天星碼頭は２代目の天星碼頭を模倣してヴィクトリア様式で建てられた。第３回目の埋め立ての進展とともに天星碼頭同様に、２代目の皇后碼頭も一旦、壊されることとなった。ただし天星碼頭が４代目として再建されたのに対して、皇后碼頭の代わりを９号碼頭がすることになっただけで、皇后碼頭の名称の維持や建物の再建は未定となり、2008年３月に壊された。

　香港の中環にビジネス業務が集まるにつれ用地拡大の需要が増加し埋め立てが複数回行われた。埋め立ては既存の土地の再開発を促進させた。1984年、英中共同声明が発表された。この声明の中に、香港政府による土地売却は年間50haに制限され、地価収入の半分は返還後の香港特別行政区政府の資産として保管されることとなった。政府の地価収入不足と市場の土地供給不足は、地価の高い都心の土地使用権の売却と再開発を促進させた。1988年土地発展公司が発足し、積極的なスクラップ＆ビルドが開始された。このようななかでヴィクトリアハーバーに面した港湾施設空間もスクラップ＆ビルドを繰り返してきた。

　皇后碼頭と天星碼頭以外の碼頭、ドック、造船所等の港湾施設は、図１でみるように繰り返し行われてきた埋め立てによりヴィクトリア港外へ移設、移転を繰り返し、九龍半島南端の尖沙咀の天星碼頭とその北側の碼頭以外は建立時と同じ場所にはほとんど残されていない。

1-2. 高雄

　高雄港は2014年の総取扱貨物量は約4億t（台湾港湾の約63%）、コンテナ取
扱量は約1,059万TEU（同約70%）で台湾最大の港湾である。港の水域面積は
26.66㎢、航道は全長18㎞ある。高雄港の形成過程を港町遺産としての港湾施設
の実態を中心にみることにしよう。1858年（以下年号は省略）の天津条約によ
り1864年開港され、税関が設置された。またイギリス領事館も設置された。打
狗港は漁村から商港へと変わった。1877年、厦門との間に電信ケーブルが敷か
れ台湾の電信事業の嚆矢となった。日清戦争後、1895年の下関条約により日本
の支配下に入った台湾で打狗港は、台湾南部を代表する港湾として重点的に開
発されていった。図2は1895年発行の打狗港の海図である。南北に長いラグー
ンの入り口に形成された打狗港は北岸（哨船頭）と南岸（旗後）に開港以来の
港湾施設が形成されている。ただ哨船頭、旗後両集落は18世紀初頭には海防施
設があり、旗後は漁村としても発展していた。その基盤の上に新たな施設が付
加された。水深上も湾の入り口付近が深く大型船の停泊には向いていた。ただ
し湾内は水深が浅い場所も多く浚渫が必要とされていた。

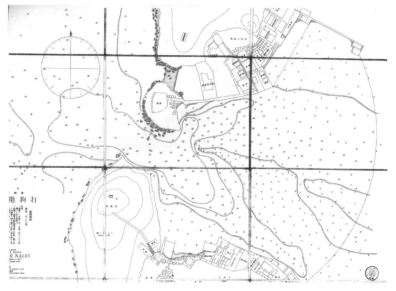

図2　「打狗港内部」1895年12月水路部発行
（国会図書館蔵）

　哨船頭には税関施設が2カ所、税関長居宅、電信局、英国領事館、ドイツ領事館、倉庫が3カ所、外国商館が2カ所、埠頭施設、陸揚地、突堤などがみられ丘陵上に英国領事館員居宅がみられる。その間に以上の施設などで働く中国人住居の表示がみられる。旗後にも税関、銀行、外国商館が2カ所、倉庫および中国人倉庫、さらに市場がみられ、その南は家屋地域となっている。

　開港以来、海外貿易で発展してきた打狗港の航路確保のために台湾総督府はまず港口の浚渫を開始した。1908年には台北との縦貫線が開通し、打狗停車場（初代打狗駅即ち初代高雄駅、後の高雄港駅）が設置された。港の近代的発展のためには縦貫線との連絡を図り本格的な築港をする必要が急務となった。1908年に打狗港築港第1期が始まり、続いて1912年から第2期工事が開始された。これらの築港工事では以下の工事が予定された。図3はその計画図で哨船頭の東側の埋め立て計画図と打狗川の東側で塩田であった地区も埋め立て整備の計画が示されている。哨船頭の東側の埋立地は約7万坪で市街予定地であり、同埋立地と哨船頭の丘陵部の間に長さ約800m、幅約45m、深さ約2mの運河を設け、市街地の交通の便をよくした（井上 2014）。

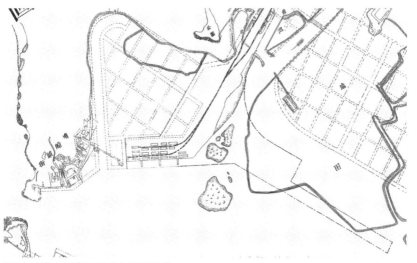

図3　打狗市区改正計画図（1908年）
出所：「臺灣百年歷史地圖」https://gissrv4.sinica.edu.tw/gis/twhgis_zh_TW.aspx（最終閲覧2021年11月23日）

　哨船頭の東側の埋立地は、「浅野埋立地」あるいは「台湾地所埋立地」と呼ば

れ、打狗湾内の浚渫土を埋め立てに積極的に活用し1911年には埋め立てが完了した。街路は縦貫線に平行するものと、それと直交する街路により構成された。その後都市計画にしたがって基本的インフラ整備が進められ、官公庁や金融機関、工場が立地し、従来の哨船頭や旗後に代わって打狗の近代日本的中心市街地となっていった。

打狗駅から埋立地の臨海部に貨物線が敷設され、多くの倉庫が建設された。この貨物線は濱線、船舶が停泊する岸壁は濱線岸壁と呼ばれ、近代的な打狗港の中心となった。濱線岸壁の西側の運河も停泊や修理、漁港として活用された。

写真3　打狗港（濱線岸壁）
出所：打狗文史再興会社ウェブサイト https://www.facebook.com/TakaoKaisha/（最終閲覧2021年8月4日）

写真3をみると、哨船頭と「浅野埋立地」の間の運河と、濱線の複数の線路が引き込まれた地域に多数の倉庫がみえる。打狗港の近代的港湾の基礎が形成された地区である。当時の台湾人居住者たちも濱線が通るこの埋立地一帯を高雄訛りの台湾語でそのまま音訳して別の漢字をあてた「哈瑪星」（Ha-ma-seng）とよぶようになった。

1912年からの第2期工事で、塩田地区の埋め立てが進展し、臨海部に新たな総延長1,314mの新濱岸壁が作られ、打狗駅から貨物線が敷設され倉庫群が建設された。この路線を町名から新濱線と呼んだ。1,314mの岸壁中、1,080mを米糖及び雑貨専用岸壁に、残りを石炭及び木材の専用とし、岸壁の背後には細長い船溜を設け浅吃水船の係留及び荷揚げ場とした。新濱町には大阪商船、台湾運

輸、国際運輸や三井物産などの運輸、貿易、商社関係の会社が立地した。1920
年に打狗は高雄に改称された。

　図4は1922年発行の高雄港図である。濱線岸壁に加えて第2期工事で増設さ
れた新濱岸壁とそこに打狗駅から敷設された貨物線がみえる。新濱岸壁の裏側
の細長い船溜の陸地側は入船町、堀江町で、酒精工場、鉄工所、農機具製造工
場などの工場が立地した。船溜の岸壁に沿って高雄駅から新たに貨物線が敷設
され入船町線と呼ばれた。

図4　高雄市区改正図（1922年）
出所：「臺灣百年歴史地圖」

写真4　高雄駅と高雄港（新濱岸壁）
出所：舊打狗驛故事館ウェブサイト https://www.facebook.com/TakaoMuseum/（最終
閲覧2021年8月7日）

　写真4は高雄駅と駅から延びた新濱線と入船町線の貨物線群、転車場がある駅構内の風景である。それぞれの貨物線の先に倉庫群がみえる。左側の高い倉庫は、高雄の主要な輸出品であったバナナの倉庫である。高雄港からは台湾の主要産品である米と砂糖、バナナなどが出荷された。

2．文化資産保護政策と歴史的景観保存

　以上のような歴史的展開をしてきた香港と高雄の「まち」と「みなと」でどのような文化資産保護政策がなされ、それが地域アイデンティティとどのように関わってきたのかについてみよう。なおアイデンティティの新たな見直し、創生にあたって、台湾、香港では「祖国化」、「中国化」、「本土化」、「台湾化」、「本地化」、「香港化」など様々な表現が使用されることが多い。ここでは大陸中国との文化的、政治的共通性、政策的同意性を指向するものを「中国化」、香港、台湾の独自の歴史、文化、政治などからなる地域性を指向するものを「本土化」とする。

2-1．香港

　香港の歴史的文化遺産政策は、香港政府の民政事務局に所属する古物古蹟辨事処と古物古蹟諮詢委員会が担当し、1976年に制定された「古物及古蹟条例」によって運営されてきた。まず「法定古蹟」は、古物古蹟諮詢委員会が推薦し民政事務局長が指定するもので、2008年段階で86が指定された。「巳評級歴史建築」は登録のみで保護はなく、2008年段階で491が登録されていた。埋め立てやスクラップ＆ビルドの増加と「古物及古蹟条例」の制定は香港市民に変化の激しい香港の景観に対しての未来像、まちづくりのあり方についての問題意識を育てた。その中で、香港港およびその周辺の景観、まちづくりのあり方を市民レベルで検討するという組織も生まれた。ただし歴史的景観保存、制定のあり方をめぐる問題まで意識が高まってはいなかった。

　後述する2006年から2007年にかけての天星碼頭と皇后碼頭の保存運動の影響を受けて香港政府も文物の保存政策に本格的に取り組み始めた。2008年11月26日に古物古蹟諮詢委員会が都市問題に関する大きな組織改編を行い発展局が新たに設置された。発展局設置の最大の要因は、2003年以降市民の間で高まり続

ける政府の都市開発や文化資産保存政策に対する批判である。

　この発展局の政策の中心主題は、これまでのスクラップ＆ビルドによる再開発に代わって、歴史的建造物の活用再生が新主題となった。これまでに新主題の活用再生が行われた事例として、法定古蹟では隣接して存在している旧中区警察署、域多利監獄、中央裁判司署を大館という総合文化施設に、一級歴史建築物では、雷生春を香港浸會大学中医薬学院雷生春堂、大埔警署を嘉道理農場暨植物園緑匯学苑、藍屋をWe嘩藍屋、虎豹別墅を虎豹楽圃とする再生が行われた。また二級歴史建築物、三級歴史建築物でもそれぞれ数例の活用再生が行われた。

2-2. 台湾

　台湾の歴史的景観の保存については、1982年に施行された文化資産保存法が法的基盤となっている。文化資産保存法の施行以前、施行以後の複数の改正によりいくつかの展開時期に分かれる。それらが高雄港の歴史的景観保存にどのように関わっているかについてみよう。

　日本の敗戦後、台湾は中華民国の統治下に入った。台湾の住民（本省人）は、当初、中華民国政府、具体的には大陸から来た国民党員、軍人（外省人）を歓迎した。台湾人がイメージしたのは「日本」に代わって台湾人の登用を行い、同一民族としての「中国化」を形成する理想像であった。しかし国民党官僚や軍人の腐敗や横暴、大陸のインフレの波及による経済的混乱などにより、国民党への反感が強まり二・二八事件が発生した。これ以降、本省人と外省人との対立が激化した。

　1949年国民党が台湾に完全に移り、本省人は外省人の支配下のもとに置かれた。大陸反攻をスローガンとして戒厳令が敷かれ、反国民党勢力の排除を目的とした白色テロが頻発した。このような中で、教育面や生活面においても古代からの中国の歴史、文化や中国語を重視した「中国化」が進められた。文化資産方面でも、北京の故宮博物院から持ち出した各王朝時代の財物をはじめとする中国王朝を代表するものが最上位に位置付けられた。上からの「中国化」に対して台湾の文化資産は、清朝時期の行政施設や中国にも存在してきた寺廟などあくまでも中国と共通するものしか重視されなかった。

　これに大きな変化が生まれたのは台湾を取り巻く国際情勢の急激な変化で

あった。1971年7月アメリカのニクソン大統領が翌年の訪中を発表、10月台湾の国連追放、72年2月ニクソン訪中、9月日本との断交など、台湾にとって衝撃的な事態が相次ぎ、最終的には西側主要諸国の大部分との国交関係が消滅することとなった。国民党政権の正統性が国際社会から否定された。当時行政院長であった蔣経国にとっては台湾内の政治基盤を固めることが急務となった。国民党政権は「中国化」から「台湾化」、即ち「本土化」に転向せざるを得なくなった。

　以後の台湾の文化資産保護、歴史的建築物、施設の保存の展開には、台湾の「本土化」が大きく関与している。「本土化」は「現地化」を意味し本来は中華民国政府内の非公式の政策であり、台湾省出身の「本省人」を官僚、軍人として積極的に登用する政策を指す。しかし「本土化」は政治だけでなく経済、社会、文化などのあらゆる分野にわたって影響を及ぼし、それまでの大陸中国を意識したものから台湾を主軸に置いたものへの大きな転換が生じた。

　このような台湾アイデンティティの確立の必要性が求められるようになった状況の中で、歴史的建築物、施設を含む文化資産行政にも大きな変化がみられるようになった。それらを台湾全土と高雄の特に港湾施設関係でどのように展開したのかをみよう。

　1970年代は中華民国政府による台湾の文化資産行政が模索され始めた時期である。その背景には前述のとおり、台湾本土化の必要性がある。1972年に内政部による古蹟調査が開始された。この時期の文化資産の考え方としては、1974年に「清除台湾日拠時期表現帝国主義優越感之植民統治記念遺跡要点」が公布されたように、日本統治時代の建築物は植民地時代の遺物であるとして排除されていた。これは「本土化」の検討にあたってどうしても関わってくる大きな問題であった。日中戦争を戦った国民党の立場からすると、日本統治時代の日本が台湾に造った建築物、施設などは、否定的な評価をせざるを得ない時期であった。

　1982年に台湾最初の文化資産保護法である「文化資産保存法」が制定された。古蹟指定の権限は中央政府にあり、1級、2級、3級の等級分けの指定が行われるようになった。1980年代から90年代にかけては、日本統治以前に設置された港湾施設関係で国や市の文化資産となったものが殆どである。なお高雄は国の直轄市であり、市定古蹟といっても国定古蹟の扱いである。

　1997年には文化資産保存法第2次改正が行われ「行政属地制」となり、自治体レベルでの古蹟指定が中心となった。また「文化資産」の定義に「歴史建築」が加えられた。また憲法改正で「多元文化」の条項の導入があり、日本統治期の建築物の古蹟指定が増加しはじめた。この時期には高雄でも日本統治時期に建設された建物、施設の中で文化遺産となったものが出てくる。

　また2002年5月、台湾政府は発展計画の一つとして「文化創意産業」の振興を掲げた。ここに文化資産をまちづくり、観光、芸術と積極的に関連させ、未来に生かそうとする試みが各地で開始された。高雄では高雄最大の観光地となっている駁二芸術特区の倉庫街がその例である。2002年行政院文化建設委員会（現中華民国文化部）の空間再利用プロジェクト「駁二芸術特区」事業として行われた。大義街の「大義倉庫群」、大勇路の「大勇倉庫群」、蓬莱路の「蓬莱倉庫群」がその倉庫群である。

　2005年に文化資産保存法の第5次改正が行われ、目的が「保存」から「保存及び活用」へ、内容が「中華文化」から「多元文化」へと正式に変わった。文化資産の対象が、原住民のもの、17世紀以降の西欧文明の影響を受けたもの、日本統治期の文化資産まで含むようになった。文化資産を「古蹟、歴史建築、聚落」、「遺址」、「文化景観」、「古物」、「傳統藝術」、「民俗及有館關文物」、「自然地景」の7類別に分けた。直轄市、県、市政府主管機関が調査成果あるいは個人や団体からの提案を受け、各文化資産審議会での審査を経て登録されるというボトムアップ方式が定着した。

　特に「聚落」は"群體性"、"営建性"、「文化景観」は"場域性"、"地景性"を具備した文化資産として、まちづくりや地域再生とも積極的に関われる位置付けが行われた（平澤・波多野 2015）。聚落の定義も、原住民部落、オランダ統治期街区、漢人街、清朝統治期の西洋人居留地、日本統治期の移民村、近代宿舎及び日本軍人の宿舎を戦後中華民国軍が使用してきた外省人主体の眷村が並列に列挙された。漢人の文化資産も福建系移民、客家系移民、外省人移民ごとの集落、建築、文化などに分かれた。

　かつての高雄駅は現在の場所に移転したあと高雄港駅となっていたが2008年廃止となった。高雄市政府文化局や高雄市立歴史博物館により、2010年打狗鉄道故事館（写真5）となり駅舎やホームが保存されることとなった。

　2016年に文化資産保存法の第7次改正が行われた。2005年についで2回目の

写真5　旧打狗駅（旧高雄駅、旧高雄港駅）　現在は「舊打狗驛故事館」
出所：舊打狗驛故事館ウェブサイト

大幅な改正となった（宮畑 2017）。主要な改正点としてまず、平等な参与権の保証が追加された。これに伴い、古蹟の修復や再利用の過程で、説明会、公聴会、情報公開を行い、現地住民の参加を義務化した。次に文化資産を有形文化資産と無形文化資産とに分け、前者には古蹟、歴史建築、記念建築、聚落建築群、考古遺址、史蹟、文化景観、古物、自然地形の9項目が、後者には、伝統表演芸術、伝統工芸、口述伝統、民族、伝統知識および実践の5項目が含まれるものとされた。また古蹟周辺の建設工事や開発においては、古蹟の風貌の保存に影響を与える事項に関して審査が義務付けられた。その他、原住民族文化の尊重も項目として付加された。多元性、経済性、民主性に加えて、都市計画・環境との調和、文化教育を含む総合的な方向性が示された。

　この時期、高雄市文化局は2016年7月、日本統治時代に整備された哈瑪星地区などを対象とした文化資産保存計画が文化部（文化省）に承認されたと発表した。高雄市長は、今回の計画の承認は南部の文化資産保存を重視する蔡英文政権の姿勢を表していると述べた。2017年、高雄市文化局と都市発展局は哈瑪星地区の歴史再生計画を立案した。中央政府はこの計画に対して約7億台湾元を拠出することとなった。街並み再生の意識を高めたのは打狗文史再興会社であった。同年、打狗鐵道故事館を舊打狗驛故事館と改称した。旧高雄港駅構内に高雄ライトレール哈瑪星駅が開業した。2018年に旧打狗駅故事館、貨物ヤー

ド、屋外展示物が一括して「高雄港站及週邊舊港區鐵道線群與建物群」として文化景観の中の交通地景となった。写真6は旧高雄港駅構内の保存された貨物ヤードと舊打狗驛故事館となった旧高雄港駅舎、駅舎に隣接して開設されたライトレール哈瑪星駅である。貨物ヤードの線路には当時の車両が複数、動態保存されている。また線路上には写真7のようなアート作品の展示が行われ、またライトレールの駅が併設され観光流動にも対応できるようになっており、単なる鉄道遺産の保存ではなく新たな再生の方向性が示されている。

写真6　保存された旧打狗駅と貨物ヤード
出所：舊打狗驛故事館ウェブサイト

写真7　貨物ヤードのアート作品
出所：舊打狗驛故事館ウェブサイト

台湾全土からみても、近代港の埠頭の陸海の連絡輸送が近代化する過程が近代化遺産として残されている場所は少なく、高雄の旧港地区は、交通、産業、輸送と都市との関係が時代性とともによく表れている希少なところである。この背景として、民進党が進めた文化資産の認定、評価に関わる住民の関与などの民主化も影響を与えている。上からの台湾アイデンティティの形成ばかりではなく、地域アイデンティティに関わる下からの形成につながる意識の高ま

りがある。即ち文化建設委員会副主任委員の陳其南の下で「社区総体営造」というプログラムを通して台湾の郷土文化を国家文化のレベルの地位に昇格させる努力がなされてきた（林泉忠 2004）。

3．景観保存運動とその特質

3-1．香港

　香港では1976年に制定された「古物及古蹟条例」による文化資産の増加とそれらの保存が危ぶまれるスクラップ＆ビルドの再開発の進展が、市民に香港の街づくりや景観保存に対する問題意識を育てたがまだ本格的ではなかった。これが変わるきっかけとなったのが2003年である。2003年香港政府が国家安全保障法案を提出しようとした事案をきっかけに、香港市民の間に言論の自由や人権の侵害につながるという不安が生じ、当時の行政長官の辞任を要求する大規模な反政府デモが起こった。また反政府デモの背景の別の要因として、2003年春に発生したSARSに対する政府の初動の遅れ、情報の開示の遅れが市民に政府に対する不信感を増幅させたこともある。市民は相互扶助活動を通して連帯感を強め、政府に依存しない市民社会の形成につながった。この動きが2005年3月の董建華行政長官の辞任につながった。

　このようななかで発生したのが利東街の再開発における住民運動である。コミュニティの消失や不透明な移転補償等により住民が起こした再開発反対運動にソーシャルワーカー、学生など多方面の市民も加わり、新聞、テレビなどのメディア、インターネット、携帯電話など各種のデジタルメディアの活用により運動が香港社会に広く知られるようになり関心を呼び寄せた。結局、2007年に利東街は再開発されたが、生活空間の保存という新たな社会問題を香港市民に気付かせる契機となった（福島 2009：54-57）。

　九龍半島と香港島を結ぶフェリーの中で、最も古くかつ主要なものがスターフェリーである。そのスターフェリーの碼頭（ピア）、即ちスターフェリーピア（天星碼頭）と天星碼頭に隣接するクイーンズピア（皇后碼頭）の取り壊しと移転問題が2006年から2007年にかけて発生した。中区の海岸の埋め立てが開始されたのは2003年で、その進展が第3代の天星碼頭が2006年11月12日での終了につながった。天星碼頭の近くの皇后碼頭は2007年4月26日で運用終了となり

2008年2月に壊された。

　天星碼頭取り壊し反対の世論や運動が本格的に始まったのは、2006年の秋である。次々と反対意見が出される中、政府は埋め立て事業の第3期計画段階において十分なパブリック・コンサルテーションを実施済みと主張し続け、取り壊し計画を見直そうとはしなかった。その最大の原因は碼頭が建設されてから五十年もたたない戦後の建築であり、戦後の現代建築は、当時の香港では歴史的建築物としての指定の前例がまったくなかったことによる。

　しかし2003年の市民運動の発生や市民の連帯意識の形成以降、市民の意識は変わっていた。2006年、天星碼頭がまもなく取り壊されるという報道がメディアに流れはじめると、その当時利東街住民運動に参加していた、あるいは関心を持っていた市民、特に若者を中心に天星碼頭取り壊し反対運動が始まった。連日、新聞やテレビで報道された運動は香港社会に大きな影響を与えるようになった。香港の市民団体やNGOが急速にヨコの連帯を深めた。香港建築師学会、保護海港協会、利東街H15コンサーン・グループなどの複数の団体がピアに集まり、フォーラムやイベントを開き、社会の関心をひきつけた。

　市民グループは反対運動の過程において天星碼頭の歴史研究・調査を行い、天星碼頭の時計台の時計の歴史的価値を再発見した。このような運動が行われる中で、市民の間に「集體回憶」（集合的記憶）という言葉が広まるようになった。天星碼頭取り壊し反対運動の前には「集體回憶」という言葉については、市民は殆ど認識がなかった。メディアや活動家が使い始めた「集體回憶」に導かれるように、市民は香港の文化資産やローカルヒストリーに関心を持ち、保存活動に参加するようになった。集合的記憶やローカルヒストリーに関心を持つということは、「香港とは何か」という香港アイデンティティの探求につながった（福島 2009：82-91）。

　天星碼頭と時計台の取り壊しのあと、皇后碼頭の取り壊しが迫った2006年12月から利東街住民運動のコアだった人々が皇后碼頭運動に参加するようになり、都市再開発の民主的手続きの重要性が運動の新たなテーマとして加わった。天星碼頭の取り壊しで発生した市民運動の高まりを勘案した香港政府は、天星碼頭の時計台の撤去を誤りであったと認め、皇后碼頭の移築保存を提案した。これに対して市民側は現地保存をタウンミーティングで主張したが、議論は平行線のまま終わった。

144

　政府が工事を急ぐ中で、2007年5月古物古蹟諮詢委員会は皇后碼頭を一級歴史建築として登録することを決定した。しかし法的保護が可能な法定古蹟指定の決定権を有していた民政局局長は、皇后碼頭を法定古蹟として指定しなかったため、移築場所の検討を行うことを条件として撤去された。

　2006年から2007年にかけての天星碼頭、皇后碼頭の保衛運動[2]に参加した市民の数は、後の雨傘運動や現在の民主化運動に較べると決して多くはない。2006年の12月12日に行われた運動はインターネットで参加が呼びかけられ数十名が、蝋燭の灯りを掲げた夜の運動には約200名が参加した（東方日報 2006）。これらの運動をテレビ、新聞などが連日報道したことにより、ネットやSNSには縁のない社会層にも運動への関心を引き起こした。

　香港社会に起こった景観保存運動は上記でみたように居住地区の再開発に対する住民運動から港湾施設という公的空間へのより広い市民運動へと発展した経緯がある。このような運動の背景には、2003年以降香港政府が提出しようとした国家安全保障法案など一連の一国二制度を揺るがすような事案を受けての香港政府への抗議、不信があり、様々なメディアが問題を広く市民に伝えたことがある。

　その中で、市民の側は運動をどのように理解し自らの中に取り組んだのか。住民運動の発生から市民運動への展開が極めて短期間に行われたことには上記のような要因があるとみられるが、他に市民運動の底流に香港社会が持つ特徴があると思われる。

　まず、香港アイデンティティの探求が港湾施設の保存運動から始まったというところに、海港都市としての原点を有する香港の特徴が現れている。即ち香港の「自我」の目覚めを引き起こしたのが港湾施設であったことに重要な意味がある。「香港は港の産物である」といわれたように、香港という集落、都市があって港が造られたのではなく天然の良港があって香港という都市が形成されてきた。保存運動の参加集団の一つの「保護海港協會」も変化するヴィクトリアハーバーのあり方を歴史的に振り返ることに重点を置いた活動を90年代の半ばから開始していた。さらにその施設を含む空間が大英帝国の海港植民地時代の政治的記憶を引き起こす場所であり、「集體回憶」の場所としても広く香港市

2　運動参加者は「保全」ではなく「保衛」という表現を使用した。保護し防衛するという抵抗も辞さない強いニュアンスが込められている。

民に共有された空間の一つでもあった。これは香港の近現代における海港都市としてのアイデンティティが表出したものである。

　さらに近現代の香港社会だけでなく伝統的中国社会から引き継がれているとみられるものがある。その一つは香港のシェルター、避難所としての役割、体質である。伝統的中国社会ではその中に管理が曖昧な場所が形成され、様々な個人、集団の避難所的な役割を果たしてきた。そのような場所を不管地という。多くは複数の行政境界のような場所に形成されてきた。世界に冠たる官僚制国家を現代にまで引き継いできた中国では、官僚統治の曖昧な場所をねらって民衆のエネルギーの集まる場所ともいえる不管地が形成されてきた。香港はイギリスの植民地であったが、近代の中国の内戦や戦後の共産党統治、大躍進時期や文革時期の混乱から逃れてくる人々の避難所でもあった。その香港の中には大陸、台湾、イギリスの管轄争いが続き不管地中の不管地であった九龍塞城もあった（森勝彦 2019：137-164）。

　香港自体は厳密な不管地ではなかったが、イギリスの植民地政策は行政、治安の最小限度の管轄にとどまっており、中国返還後も一国二制度のもとで避難所としての香港社会の自主性は脅かされないはずであった。中国返還の6年後、2003年香港政府が国家安全保障法案を提出しようとしたのを契機として、香港政府ひいてはその背後にいる中国政府の「一国」を重視した干渉、管理の兆しがみえはじめた。不管地的特質が揺らぎはじめたなかで発生した政府主導の天星碼頭と皇后碼頭の取り壊しと移転に対する市民の反対運動は、可能な限り公的管理を避け自主的な管理をしようとする伝統的な中国社会と無関係ではないと思われる。

　それは伝統的な中国社会の特質と関係する問題でもある。この点に関しては、戦前に中国農村社会について行われた社会学的研究、調査のなかで、清水盛光の研究に参考となる部分がある。氏の研究に特徴的なものは、広大な中国の各地、および時代的にも幅のある事例（地方志、実態調査）から、可能な限り中国郷村社会における地域性、時代性を越えて通底する特徴を見出していこうとする点があげられる。

　1951年に出版された『中国郷村社会論』の中で、清水は郷村社会における人間関係の二重の性格として「結合しつつ分離している」という点を強調した（清水盛光 1951：429-434）。即ち一方的に無制限結合への傾向を示しながらも、他

方ではこれを抑制し制限する自己または家の独立性に対する明確な自覚を持っているとする。南裕子は清水の「結合しつつ分離している」という説明が一般論的、抽象的すぎており、今後その中国的特質を、結合や分離の契機や結合の維持に注目して明らかにしていく必要性を述べ、「義」と「利」、「親」と「財」の相反する規範がバランスを保ちながら共存しているという最近の中国人研究者の調査研究を紹介している（南裕子 1995）。即ち、任明は近代華北農村社会の社会集団は「義」と「利」の統一を紐帯とし状況に応じてどちらかの側面が強くなるとした（任明 1990：53-69）。また聶莉莉は兄弟関係における「親」と「財」が互いに矛盾し合いながらも補完し合い微妙な平衡を保っていることを指摘した（聶莉莉 1992：84-88）。中国農村社会についての複合的な視点の必要性を指摘した清水盛光の視点は近年の人類学的、社会学的研究に引き継がれている。

　また視点、表現を異にするが、上田信は中国農村社会についての複合性を歴史学の立場から「回路」と「磁場」という用語を用いて捉えた。村落には歴史的に同族関係・行政組織などの様々な「回路」が形成されていた。「回路」に電流が流れると、そこに「磁場」が成立する。「回路」には村民自らが主体的にプラグをつないだり、外したりすることもあるとする（上田信 1986）。無秩序にみえるが隠れた秩序が複数存在し農民は主体的にその秩序に加わるという見方は、中国農村社会の能動的複合性を指摘したものである。中国農村社会の複合性については、地理学の立場から小島泰雄が農民の生活が多様な場所との関係で成り立っており、農民は定住・農耕空間、市場・親族空間、労働・権力空間、生存・認知空間の重層的な生活空間を主体的に往来していたことを指摘している（小島泰雄 2009）。

　一方、中国の著名な社会学者である費孝通は1947年の著作『郷土中国』のなかで、伝統的農村の社会構造の特質を「差序格局」という概念で表現した（費孝通 2021：26-34）。中国農村の社会構造は、無数の私人関係が組み合わさったネットワークから成り立っており、一つ一つのネットワークは、異なる「己」を中心として同心円状に広がっているという結論を得た。「差序」とは「己」が心の中で他者を異なる半径の同心円状に序列化して位置付け、ウチからソトに向けて波紋の高さが徐々に低くなっていくように「序（序列）」に従って「差（格差）」が生じるということであり、「一切の普遍的規準が全く働かず、必ず対

象が誰か、自己とどんな関係かをはっきりさせた後で、初めていかなる規準を取り出すか決める」ということになる。上記の能動的複合性のコアにあるのは「己」を中心とした私的関係であるという理解になる。また「差序」の境界は流動的であり場面に応じて伸縮するという見方もあり（川瀬由高 2019:238-241）、動態的な能動的複合性の特質が社会構造に現われている。

　では現代の香港社会では人々はどのような社会関係で生きているのか。多くの人々は多くの人脈関係の中で生活している。その人脈は生活のあらゆる部分に及び、人脈の維持のために多大の努力が行われる。相互扶助は文字通り厳格な相互の助け合いであり、受けた恩への返礼の確実な実行がなされる。人々の人脈へのこだわりは、香港が過酷な移民、難民社会であったことと無関係ではない。中国各地から身一つで流れついた人々は、伝統的な同宗、同郷の血縁、地縁関係を出発点とし、職業、学校、近隣などで信頼できる相互扶助機能を持った人間関係を築き上げていくことしか頼れるものはなかった（星野博美 2000）。

　以上のようなヨコ社会としての華僑社会特有の人脈が縦横に走っていたのであり、重層的な多元社会であった（中嶋嶺雄 1985：223-233）。アジアNIESと呼ばれるほどの経済成長に伴って、伝統的な社会、経済体系の中にいた住民は新しい生活体験を強いられることになった。上述のような伝統的な帮的社会[3]は、工業化に伴う新しい都市共同生活、即ち新しい雇用形態、教育の普及、団地生活などで大きな変化を遂げた。また香港出身者が60年代半ばには5割を超え、香港を家郷とし新しい生活体験が中心となった住民が増加し、生活全般にわたる香港政庁に対する政治的要求も頻発するようになった。

　この段階においては、帮的社会や個人を中心とした伝統的なネットワーク形成、移民社会としての相互依存の関係を作る必要性、会社、学校、団地などの新しい所属集団の存在等により、複雑な重層性を有する社会における私的関係を中心とした能動的複合性のなかで、多くの香港人は生活していた。この点は清水盛光や費孝通が指摘した伝統的中国農村社会と共通する要素がある。

　中国返還後、香港政府は埋め立てとスクラップ＆ビルドによる市街地再開発を推し進め、比較的古くからの住民が暮らしてきた利東街のような地区では、住民を中心として庶民が暮らしてきた建築物の文化的価値の再発見と保存を社

3　伝統的中国に存在してきた同業者、同郷者などの相互扶助組織が中心の社会で、厳しい規約と強い団結力が求められた。

区[4]、コミュニティレベルで主張する動きが始まった。この段階で私的関係を中心とした生活空間に公的な関係層が新たに付加された。これがさらに一段階上の空間レベルに拡大したきっかけとなったのが、天星碼頭と皇后碼頭の取り壊しと移転問題であった。即ち、「私」を中心とした能動的複合性のなかに、「公」の概念が入ってくることによりもう一つの中心が次第に形成されはじめた契機となったといえるのではないかと思われる。さらにその「公」には、香港政府、更にその背後にいる中国政府の考える国家を中心とする上からの「公」と、運動に熱心な市民の考える民主的な下からの「公」の2種類が存在することとなった。その上からの「公」のあり方が問題とされ民主的な「公」を求める運動に発展し、政府的な「公」との激しい対立も辞さないアクションを重視する運動でもあった。運動参加者たちは自ら「保存」ではなく「保衛」という表現を使ったが、「陰」から「陽」への変化を意味する伝統的な革命にも通ずる社会変化が発生した。これが2014年の雨傘革命、2019年に発生した民主化デモの原点となっている。ただし雨傘革命以降の動きは中国政府にとっては国家との全面的対立も辞さない方向性を有していると思えるようになり、また中国国内の反香港感情に基づいたナショナリズムを刺激するようになった。

　天星碼頭と皇后碼頭の取り壊しと移転に対する反対運動は単なる市民運動ではなく、香港のアイデンティティを求める運動でもあり、「公」が加わった複合的空間のなかで能動的に戦略的選択を行うという中国社会の伝統的特質の一端が窺える。それは存在体ではなく運動体として香港社会を捉える必要性も意味する。

3-2. 台湾の景観保存運動の背景

　1982年に施行された文化資産保存法の成立以前から、台湾は「本土化」即ち「台湾化」を目指さざるを得なかったこと、文化資産保存法の成立もそれと大きな関連があったことは前述のとおりである。それだけでなく文化資産保存法の改正にもその時の台湾内外の政治情勢が関与していることにも注目すべきである。台湾における景観保存を含めた文化資産保存には、まず台湾の置かれた国際政治環境の中で台湾の存立自体に関わる課題としての「本土化」が存在して

4　社区はコミュニティの訳語で、その地域に対する共同意識を持っている住民たちが構成した共同体であり、台湾、中華人民共和国ともに存在している。

いる。国民党政権の下、本土化を意識した文化行政に大きな影響を及ぼし1977年に「文化建設」が開始された。香港が碼頭の保存運動から始まり最終的に「本土化」という地域アイデンティティにボトムアップしていったのとは異なり、地域アイデンティティの枠組みが最初に設定されトップダウン式に個別の案件が成立していくという道を辿ってきた。

　国民党政権の下で進められる文化行政のはずであったが、1979美麗島事件（高雄事件）が発生し、国内行政のあり方に大きな影響を与えた。世界人権デーに高雄市で行われた雑誌『美麗島』主催のデモ活動が、警官と衝突し、主催者らが投獄されるなどの言論弾圧に遭った事件では、台湾の民主化に大きな影響を与え、今日の議会制民主主義や台湾本土化へとつながった。また江鵬堅や陳水扁も、逮捕者の弁護団に参加している。さらに蒋経国による民進党の容認につながった。

　1988年李登輝（国民党、本省人）が総統に昇任して1991年戒厳令が解除された。1996年、台湾総統選挙が初めて行われ国民党が政権を握った。2000年には、陳水扁を代表とする民進党政権が誕生した。同年、文化資産保存法の第3次改正が行われ、古蹟の「全民共有化」即ち「公共利益」の内包が明示された背景には、民進党による本土化の民主化の重視がある。2004年、陳水扁は接戦の末再選された。2005年、文化資産保存法の第5次改正が行われ、「保存」から「保存及び活用」へ、「中華文化」から「多元文化」へと変わった。民進党政権のもとで文化資産、古蹟は国民、市民に広く開かれ活用されるものとされ、その範囲も原住民、17世紀以降の西欧文明の影響、日本統治期の文化資産まで含み、「中華文化」から「多元文化」に広がりを持つものとなった。

　2008年、再び国民党が政権を握った。馬英九政権は急成長をする中国への接近を図った。中国進出企業が急増し、三通解禁により中国との経済を中心とした中台交流圏が形成された。中国市場を重視した経済政策に対して、国民の中で不安が広がった。2008年以降台湾では「台湾人アイデンティティ」が強まっていった。

　図5のように、1992年の調査開始後、「台湾人ならびに中国人アイデンティティ」は高かったが、1996年の台湾初の総選挙後、「台湾人アイデンティティ」が急増し、両者が拮抗する時期がしばらく続いている。2000年から2008年までの民進党政権下での文化資産の「台湾化」の進展は、「台湾人アイデンティティ」

の形成に影響を与えたといえる。しかし2008年から2016年までの国民党政権下
での時期は、「台湾人アイデンティティ」の増加と「台湾人中国人アイデンティ
ティ」の低下が顕著である。

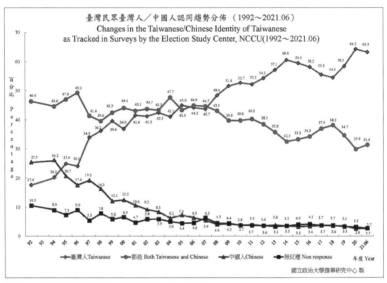

図5　台湾民衆の自己アイデンティティ認識
出所：國立政治大學選舉研究センターウェブサイト https://esc.nccu.edu.tw/PageDoc/
Detail?fid=7804&id=6960 及び https://formosanpromenade.blog.jp/archives/83346559.html
(2021年11月15日最終閲覧)

　この時期は前述のように馬英九政権は中国との経済交流を進展させ、台湾企
業の中国進出が相次いだ。大陸中国の台湾観光客も増加し、経済界、観光分野
では中国との交流政策を支持した。しかし形成されていた「台湾人アイデンティ
ティ」の揺らぎに危惧を持つ層も増加した。特に2013年に調印された「サービ
ス貿易協定」の中身が、台湾の特に中小企業に与える影響が大きいことに加え、
馬英九政権の進める対中国融和、開放政策が台湾住民に対して十分な説明なし
に進められていることなどから台湾の将来に大きな不安を抱いた学生層が中心
になり、国会議場を占拠するという過激な運動が2014年に発生した。ひまわり
学生運動である。この運動が民主化、本土化を支持する層に与えた影響は大き
く、これが2016年の民進党の政権返り咲きにつながった。「台湾人アイデンティ
ティ」は2014年の時点で60.6％となって一つのピークを示すが、これはひまわ

り学生運動の影響があると考えられる。

　2019年6月9日香港で反送中デモが開始された。香港の一国二制度を不安定化させる習近平政権の姿勢への反発が次第に台湾でも強まり、2020年1月の総選挙で民進党は大勝し蔡政権は2期目を開始した。高雄では6月国民党の韓国瑜市長がリコールとなった。7月2日香港では国家安全法が施行され民主的な活動は大幅に制限されるようになった。

　以上のような台湾人、中国人という枠組みでのアイデンティティの意識の変化の中で、高雄での景観保存運動はどのような形で行われたのか。2012年高雄市政府が鼓山広場第3類用地の再開発計画を立てた。新濱の日本家屋を壊して停車場を造る計画であった。これに対して、使用中の住民や文化団体が市政府に反発、打狗文史再興会社を興して抗議行動を行った。現在、新濱老街と呼ばれているこの地区は高雄の中でも日本統治時代の建築、家屋が集中して残されている数少ない場所である。高雄は太平洋戦争中、日本の南方進出の中継港、軍港として重要な港であった。そのため1944年頃からアメリカ軍の空襲をたびたび受けた。その空襲から逃れた希少な木造建築群が新濱老街であった。その中に1929年に建てられた木材運輸会社佐々木商店高雄支店の倉庫があった。

　戦後、そこを購入し住居として使用していた住民が、2012年に高雄市政府が出した再開発計画に対して疑問を持ち、残すべき地区として周辺住民とともに地区の資料調査や歴史の学習を行い、歴史的価値を共有するようになった。佐々木商店高雄支店の倉庫を打狗文史再興会社として保存活動の拠点とした。市政府との話し合いや、抗議活動を通して地区の保存を訴えた。市政府は住民運動の高まりと、当時、台北で起こっていた文林苑事件議案[5]を勘案してこの地区の歴史的建築類の保存を検討するようになった。その結果、開発計画は見直しとなり、この地区の保存が決まった。

　図6は保存が決まった地区の戦前の職業地図である。高雄駅と浜線埠頭の間にあり、旅館、商会、運送店、料亭などが集まっていた。

　写真8のように、住民を中心とした保存運動により、この区画に残存する佐々木商店、旅館、料亭、運送店などの日本式家屋が打狗文史再興会社、喫茶店などに活用され、様々な文化活動の拠点とされている。なお再興会社が関わる建

5　2009年台北市士林区で発生した再開発に関する反対運動。2014年の和解まで社会運動として続き、都市再開発のあり方に影響を与えた。

152

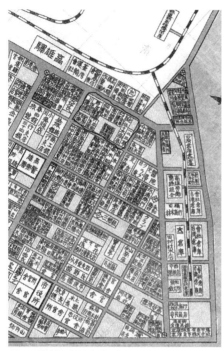

図6　戦前の新濱老街（囲みの部分）（高雄市職業別明細図）
出所：「臺灣百年歷史地圖」

写真8　新濱老街の日本家屋
出所：打狗文史再興会社ウェブサイト

物の多くは文化資産の指定はされていない。これは保存、利用における主体的で自由な活動を住民が重視し指定を辞退しているからである。したがって開発圧力との戦いは様々な住民活動を通して現在進行中である。

　続いて2015年旧高雄港駅の貨物ヤード（写真4、写真6）の一部を台湾鉄路管理局が再開発しようとしたが、周辺住民の猛反対のなかで中止となった。この背景として、新濱老街の保存運動を経験した住民の間に、高雄の旧港一帯はかつて高雄市の政治経済の中心で、高雄港の古い港区の高雄港駅、貨物ヤードと建物群は、20世紀の高雄港及び高雄市の発展する歴史空間を代表するという意識が形成されていたことがある。高雄の旧港一帯での住民を中心とした歴史的景観の再発見と保存、活用の意識の形成と集合的記憶の再生は、2016年の文化資産保存法の大幅な改正となった第7次改正にも影響を与えたと思われる。この改正では文化資産保存にあたって私権の制限を行う場合があることも加えられた。

　打狗文史再興会社では写真9のように高雄の港湾都市としての記憶を伝える写真、絵葉書などの展示会がたびたび行われ、集合的記憶の形成に役立っている。

写真9　打狗文史再興会社での展示会
出所：打狗文史再興会社ウェブサイト
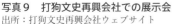

4．地域アイデンティティの形成と地域社会の特質

　香港と台湾の地域アイデンティティの形成の比較をすると、台湾は国際環境の中で国家のアイデンティティを追求せざるを得ない状況にあった。しかしそれは国民党一党独裁政権による「中国化」であり、台湾独自のアイデンティティの追求とは言えなかった。台湾のアイデンティティが追求されるようになったのは前述のとおり1970年代前半に起きた台湾を取り巻く国際環境の急激な悪化である。国際的孤立の中で国民党政権が「本土化」即ち「台湾化」を志向せざるを得なくなってから台湾アイデンティティが政治方面で登場し、以後経済、文化などにその影響が広まった。その点では台湾は香港より政府レベルでのアイデンティティの確立が早くから求められた。その後、民進党政権のもとで「本土化」の多元化や民主化が進められ、国家レベルから自治体レベル、さらに住民、市民レベルにアイデンティティの追求が進展した。

　これに対して香港はイギリスの植民地政府時代も、中国返還後の香港政府時代も政府レベルでのアイデンティティの追求は積極的には行われてこなかった。ただ中国からの入境を厳格化しはじめた1950年代から「香港人」という意識が芽生えたといわれている。その後、中国の文化大革命の影響を受けた1967年の反英暴動や1970年代のアジアNIESの一角としての経済成長、香港映画などの広東語文化の興隆を経て、香港への帰属意識が広く浸透するようになった。

表1　香港市民の自己アイデンティティ認識

調査年	2000	2002	2004	2006	2008	2010	2012	2014	2016	2018	2020	2022
香港人（％）	38.3	27.5	28	24.8	18.1	25.3	45.6	40.2	34.6	40.7	50.5	32
中国の香港人（％）	23.2	23.3	21.2	25.1	29.2	31.3	22.8	27.1	29.1	26.7	25	34.1
香港の中国人（％）	19.5	17.9	14.3	14.9	13.3	14.8	11.5	11.6	17.7	12	11	11.9
中国人（％）	13.8	28.3	33	34.6	38.6	27.8	18.3	19.5	16.3	17.8	12.6	20.5

香港民意研究所 "Categorical Ethnic Identity" より作成（https://www.pori.hk/pop-poll/ethnic-identity-en/qx001　最終確認2023年12月10日）。表をみても2008年以降「香港人」意識が次第に増加し、逆に「中国人」意識が低下しているのがわかる。また2019年には提出された逃亡犯条例改正案に対する抗議運動が始まり、2020年「香港人」意識は50％を越えた。しかし同年6月香港国家安全維持法が成立し民主化運動が取り締まりの対象となるなど各種の「中国化」がコロナ対策とともに厳しく求められるようになり、2022年になると「香港人」意識が低下し「中国人」意識が高まった。これはアイデンティティ意識の「自主規制」ともみなされる。

　ただ香港アイデンティティの追求が本格的に始まったのは、政府、行政からではなく市民運動からであった。2003年の国家安全保障法案に対する反対運動がもたらした連帯意識の下、2006年に開始された香港島中環の天星碼頭と皇后碼頭の移設、取り壊しに対する反対運動を契機として発生した集體回憶即ち集合的記憶の発生からである。集合的記憶が発生する契機となったのが、碼頭という港湾施設であったことが港湾都市として発展してきた香港らしさを表している。また日常生活圏のなかで利用するものであったことや、市民生活の中から発生した「下からのアイデンティティの追求」が香港の特質の一つである。この時は香港政府側も市民の視点からみた文化資産の評価の重要性について一定の理解を示し、その後の文化資産行政に取り入れるようになった。

　異なったアイデンティティの追求が行われてきた台湾と香港の動きがシンクロしはじめるのは、2014年台湾で起こったひまわり学生運動前後からである。ひまわり学生運動は香港の民主化運動に大きな影響を与え、学生を主体とした雨傘運動となって結実した。これらの運動の背後にあるのは習近平政権成立以降の中国との関係に関する危機感である。台湾は馬英九政権の急速な中国との交流深化に対する民衆の危機感、香港は一国二制度の不安定化に対する危機感が大きくなった。この危機感は台湾では2016年の蔡政権の誕生とその政権による中国との一定の距離の確保となり、香港では2019年の激しい反送中デモとなった。表1のとおり、香港では2019年から「香港人」意識が急増していた。

　香港では民衆における集合的記憶の発生以降、文化資産の評価、再生の見直しも一部行われるようになっていた。しかしその後の民主化運動への香港政府、中国政府の対応が厳しくなる中で、香港アイデンティティに関連する地域独自の文化資産の発掘、認定、保存、活用に影響が出てくることが懸念されてきた。かつて台湾で国民党が一党独裁政権の下で、伝統的な中国アイデンティティの確立のみを認めていた時期に類似した状況が香港でも表れかねない。

　香港アイデンティティの成立にあたって、香港では集合的記憶が大きな役割を果たした。中国への返還後に集合的記憶が住民、市民の間から発生したのに対して台湾ではどのような役割を果たしたか。台湾では集體回憶という言葉はあまり使用されていない。国民党が台湾を本拠として大陸反攻をスローガンとして「中国化」を推進した頃から、中華文明の発祥からの歴史教育を通して中華民族としての歴史意識を政策として強調していた。

　台湾としての歴史が強調されるようになったのは、1971年国連から追放されて以後、「本土化」を追求せざるを得ない時期からである。1979年、高雄で発生した美麗島事件以後、高まる民主化運動の中で実現した普通選挙による民進党の成立は文化資産の評価にも大きな影響を与えるようになった。香港で2006年から2007年にかけて発生した天星碼頭と皇后碼頭の保存運動がもたらした集合的記憶と香港アイデンティティの目覚めは、以後の香港での民主化運動に影響を及ぼした。香港が中国返還後に政治体制全般にわたる民主化を求めざるを得なかったのに対して、台湾は段階的に政治的な民主化を進めるなかで文化資産保存法の改正を行ってきた。

　より現実的な集合的記憶になったのは、2005年に文化資産保存法の第5次改正が行われ、目的が「保存」から「保存及び活用」へ、内容が「中華文化」から「多元文化」へと正式に変わってからである。文化資産の対象が、原住民族の文化、17世紀以降の西欧文明の影響を受けたもの、日本統治期の文化資産まで含むようになった。多方面にわたる文化資産の価値について知るようになった住民、市民が、社区コミュニティや活動を通して、文化資産の発見、保存運動を行うようになり、結果として集合的記憶の形成につながっていった。2014年のひまわり学生運動は自分たちの判断、価値観で意思表明し行動することの重要性を示した。以後、各地での文化資産保存運動にはひまわり学生運動の参加者がリーダーとなったケースがみられるようになった。現在の文化資産保存法では所有者の私権に一定の制限があり、建造物の解体途中でも住民の異議申し立てがあれば工事にストップがかけられる権限が行政側に与えられている（渡邉義孝 2022：303-304）。日本より民主化が進んだ文化資産保存の考えが集合的記憶の発見、再確認、維持に貢献している。

　独自の道を歩みかねない台湾に対して中国は、中国経済圏への組み込み、観光での相互交流、福建系・客家系・外省人系の原籍地との同郷、同族交流などを通して一体化を図ろうとした。この動きに同調した国民党政権への抗議運動がひまわり学生運動参加など若い世代の台湾アイデンティティ意識を高め、またそれは香港での雨傘運動につながり香港アイデンティティ意識の高まりとなって現れた。台湾が普通選挙、住民・市民運動、様々なメディアなどを通してアイデンティティの形成、選択などが可能であるのに対して、香港は中国化とは別のアイデンティティの形成、主張が次第に困難になっていった。中国社

会の能動的複合性を基盤にした運動体としての民主化は挫折した状態になっているが、集合的記憶に基づいた香港の文化資産の評価、再生、活用の継続が求められる。

　一方、台湾は中国経済への依存度もまだ高く、「中国化」への同調勢力も一定数が存在している。また漢人でも福建系・客家系・外省人系と分かれる台湾では、それぞれに異なった集合的記憶を持っている側面もある。集合的記憶の「多元化」だけでは、共通した台湾アイデンティティの形成にはつながりにくいので、日本統治期、清朝統治期、オランダ統治期など、近代を含みそれ以前まで遡る歴史も積極的に取り込み台湾全体の歴史意識の形成も図られた。

　日本統治期は、台湾全体が日本の植民地開発方式で変化させられた時期で、その開発の意義、肯定、否定の評価も含めて共通した歴史体験をした時期である。日本統治期の植民地遺産の評価については1950年代から様々な意見があり（植野弘子・三尾裕子 2011）、紆余曲折を経て現在は香港や大陸中国とは異なる台湾アイデンティティの一要素として取り入れられている。

　台湾の中では、2016年以降高雄は特に哈瑪星を高雄アイデンティティの確認、形成の中心的な場所として位置付け、単なる集體回憶の場ではなく芸術を中心とした文化創意産業の振興とまちづくりの場としている。高雄最大の観光地となっている駁二芸術特区に隣接しており、旧高雄港駅の広大な貨物ヤードや多くの倉庫についてはその一部をアートの展示場所とするほか、日本統治時期から存在する建物、施設の文化遺産指定や保存、活用が始まっている。また現段階では不十分であるが、高雄ラグーン内の哈瑪星地区以外の歴史的な港についても整備が始まっている。この背景には民進党政権の下での台湾アイデンティティの重視とそれに関連する多元化を重視した文化資産政策、住民の間で高まる郷土意識がある。歴史的景観に対する政策と住民意識の両者が連動する形で海港都市としての高雄のアイデンティティの模索が行われている。

　また台湾全体としても、グローバル経済の中で存在を強めてきた中国の台湾に対する影響力の高まりへの警戒感、不安感からくる「台湾人」意識の上昇がある。これは、香港における一国二制度の不安定化、「中国化」の進展、香港住民の「香港人」意識の上昇、民主化運動の高まりと連動している。2010年代は、台湾、香港相互に影響しあう形で、地域アイデンティティの重要性を認識、形成してきた。

158

おわりに

　中華圏の近現代における香港、台湾のアイデンティティの「中国化」と「本土化」、そこに絡む港湾都市の集合的記憶の場所、施設との関係を比較したときにあらわれるものは、中華圏の周辺地域の置かれた環境とその中における「国家」と「地域アイデンティティ」の関係である。グローバル化で「地域」が「国家」や「世界」と対等に渉りあえる兆しがあったが、米中対立、ロシアのウクライナ侵略にともなう多極的世界の登場は、再びナショナリズム、民族主義の再来を促している。

　中華圏においても一つの中国の実態化を強力に進める中国政府の政策が多方面に影響を与えている。中華圏は、かつて清水盛光が指摘した矛盾する要素を含む多元性、多義性に基づいた様々な要素が同時併存する中で能動的に選択が行われアイデンティティ自体が潜在的には多層的に存在する社会とみられ、特に中華圏周辺部は同郷、宗族に基づいた僑郷の存在、民族の混交、植民地遺産の影響などでその傾向が強い。「中国化」か「本土化」という二者択一や「中国化」しか選べないという状況は、中華圏周辺地域の現代が置かれた厳しい環境を示している。その中で、日常生活のフェリー乗り場として利用してきた天星碼頭と皇后碼頭や見捨てられようとしていた倉庫群、港湾鉄道施設、日本家屋群に歴史的価値や地域アイデンティティの要素を見つけた香港や高雄の市民の体験は、ボトムアップ型の地域アイデンティティの創生につながり、地域の自立性が進展することが望まれる。この動きは国際的港湾都市が本来的に持っていた「国家」や「世界」との対等性、交渉力と深い関係がある。

【参考文献】 ※言及順

森勝彦（2020）「香港の港湾施設空間の近現代と再開発」『地域総合研究』48（1）:1-16
──（2022）「高雄の港湾施設空間の近現代と再開発」『国際文化学部論集』22（4）:
　241-275
井上敏孝（2014）「日本統治時代における高雄港築港事業─砂糖積み出し港から工業
　港への変遷」『兵庫教育大学教育実践学論集』15：183-192
平澤毅・波多野想（2015）「台湾の文化的景観」『奈良文化財研究所紀要』2015：30-

31

宮畑加奈子（2017）「台湾文化資産保存法改正（2016）の概要について」『広島経済大学研究論集』40（3）：177-183

林泉忠（2004）「戦後台湾における二つの文化の構築—『新中国文化』から『新台湾文化』への転轍の政治的文脈」『日本台湾学会報』6：46-65

福島綾子（2009）『香港の都市再開発と保全—市民によるアイデンティティとホームの再構築』九州大学出版会

東方日報（2006）「數十市民遊客加入抗争」昔日東方—東方日報　http://orientaldaily.on.cc/archive/20061213/new/new/a_04cnt.html（2019年12月10日最終閲覧）

森勝彦（2019）『不管地の地政学—アジア的アナーキー空間序論』中国書店

清水盛光（1951）『中国郷村社会論』岩波書店

南裕子（1995）「中国農村の社会学的研究についての一考察—清水盛光と福武直の比較から」『日中社会学研究』3：16-30

任明（1990）「近代華北農村社会の凝集力」路遥・佐々木衛編『中国の家・村・神々—近代華北農村社会論』東方書店：53-69

聶莉莉（1992）『劉堡—中国東北地方の宗族とその変容』東京大学出版会

上田信（1986）「村に作用する磁力について—浙江省鄞勇村（鳳渓村）の履歴（上）」『中国研究月報』455：1-14

——（1986）「村に作用する磁力について—浙江省鄞勇村（鳳渓村）の履歴（下）」『中国研究月報』456：1-20

小島泰雄（2009）「中国農村の基層空間にとっての20世紀」森時彦編『20世紀中国の社会システム』京都大学人文科学研究所附属現代中国研究センター研究報告：343-359

費孝通（2021）『郷土中国・郷土再建』諸葛蔚東訳、東京大学出版会

川瀬由高（2019）『共同体なき社会の韻律—中国南京市郊外農村における「非境界的集合」の民族誌』弘文堂

星野博美（2000）『転がる香港に苔は生えない』情報センター出版局

中嶋嶺雄（1985）『香港—移りゆく都市国家』時事通信社

渡邉義孝（2022）『台湾日式建築紀行』KADOKAWA

植野弘子・三尾裕子編（2011）『台湾における〈植民地〉経験—日本認識の生成・変容・断絶』風響社

[**付記**] 写真の転載許可は、森勝彦（2020）（2022）に記載。

鹿児島県奄美群島における地域共通語に関する研究
－義務的モダリティ形式マイを中心に－

松尾 弘徳

1．はじめに―研究の目的

　共通語が日本全国に波及したことで伝統方言は消滅の危機に瀕している。ユネスコが2009年に発表した "Atlas of the World's Languages in Danger"（第3版）には，世界で約2,500に上る言語が消滅の危機にあるとされ、日本国内においても八つの言語・方言が消滅の危機にあるとされている。

　奄美大島、喜界島、徳之島、沖永良部島、与論島の5島で構成される奄美群島の言語についても「危険」という指標がたてられているが、いっぽうこの地域では「奄美方言（奄美語）を母語とする人々が標準日本語を第二言語として習得した際に生じた一種の中間言語と呼べる言語体系」の存在が、ロング（2013: 87）などの先行研究によって指摘されている。

　しかしながら、この中間言語が具体的にどのようなユニークさを有しているのかについては、いまだ詳らかにされているとは言い難い。そこでこのような背景を踏まえ、鹿児島県奄美群島地域における「中間言語としての地域共通語」の様相を明らかにすることを本稿では主たる研究目的とする。伝統方言と共通語との言語接触の過程で文法項目がどのように生成され、そして現在の奄美群島においてどのような分布相を示しているのかを探ってゆきたい。

　本稿の構成は、以下の通りである。まず第2節では、清水基金プロジェクトの支援を受けて行なってきた研究の成果を紹介する。そして本稿の中核をなす第3節では、言語研究に関わる内容を具体的に述べる。続く第4節では、コロナ禍の只中で行なってきた方言研究の中で筆者が研究手法に関して工夫した点について述べる。第5節では、研究活動の中で生まれた「地域と大学との繋が

り」と「学生への教育効果」について触れることで、本研究が清水基金プロジェクトの理念とどのようにリンクするものであったかを考える。最後の第6節にて、本稿のまとめと今後の見通しを述べたい。

2．清水基金プロジェクトにおける研究成果

　本稿が中心テーマに据える「義務的モダリティのマイ」（共通語の「シナクテハナラナイ・シナケレバナラナイ・シナイトイケナイ」に相当する）は奄美群島内の、若年層から老年層までの幅広い世代において使用されており、かつ共通語にこのような文法形式が見られないという点において興味深いものがある。

　筆者（松尾）は清水基金プロジェクトの支援を受け、2021（令和3）年度より①マイの意味用法の記述、②奄美群島各島におけるマイの使用状況や使用年齢層、③マイの言語資源（出自・来歴）、という3点を明らかにすべく、Webアンケートを活用したオンライン調査をベースとした研究を実施してきた。

　そして清水基金プロジェクトの支援期間内に、以下のような研究成果（研究発表3、学術論文1）を公表することができた。

(1)【研究発表】松尾弘徳（2021）「北琉球方言における当為表現マイ」第26回坂之上言語・文芸研究会 2021年10月2日発表

(2)【研究発表】松尾弘徳（2022a）「奄美大島・喜界島・与論島方言のマイ」第28回坂之上言語・文芸研究会 2022年8月27日発表

(3)【研究発表】松尾弘徳（2022b）「奄美大島・喜界島・与論島方言のマイ―義務的モダリティの用法を中心に―」2022年度第72回西日本国語国文学会 2022年9月11日発表

(4)【学術論文】松尾弘徳（2023）「奄美群島方言における義務的モダリティ形式マイについて―奄美大島・喜界島・与論島方言を中心に―」『西日本国語国文学』10　2023年8月刊行

　本稿では、上記（1）～（4）の研究成果に関わる「言語研究」的内容に加えて、「コロナ禍の中で取り組んできた方言研究の調査手法」や「清水基金の理念であ

る研究を通した地域の発展への寄与」に関する内容についても述べることで、清水基金プロジェクトの中で筆者が取り組んできた一連の研究の総括となるようなものとしたいと思う。

3．研究内容の概要

　この節では第2節で紹介した研究成果の概要を述べてゆくが、本稿は清水基金プロジェクトに関わる研究活動および研究成果全般の記述を主目的とするため、言語研究に関わる詳述は避けることとする。言語研究としての成果の子細については、松尾（2023）（前掲(4)に該当）を参照いただければ幸いである。

3-1.「義務的モダリティ」の定義とその方言分布

　本研究の中心をなす「義務的モダリティ」とは、「当然・義務などのモダリティ的意味を持つ言語形式」を指す。現代日本語における義務的モダリティの代表的な形式としては<u>シナクテハナラナイ・シナケレバナラナイ・シナイト イケナイ</u>」などがあり、これらはいずれもいくつかの自立語がひとまとまりとなって（下線部の前部要素+波線部の後部要素）、一種のモダリティ形式を形成している。『新日本言語地図（NLJ）』[1]からうかがえる現代の方言分布（次頁図1）を見るとニャナラン、ナキャナンナイ、ナクチャーイケナイ、ントイカンなど複合辞として成立したと考えられる諸形式、あるいはその後部要素の脱落形とみられるナケレバ、ナクチャー、ンバといった形式が分布している。

　ところが、奄美方言などいわゆる「北琉球」と呼ばれる方言話者の内省によれば、これらと一線を画す（＝複合辞由来とは考えにくい）、次のような義務的モダリティが用いられている。

（例1）お客が来るから今日中に部屋を<u>掃除しマイ</u>（≒掃除しナケレバナラナ

1　『新日本言語地図（NLJ＝New Linguistic Atlas of Japan)』は、国立国語研究所が2010年から2015年にかけて、全国554地点で実施した全国方言分布調査（FPJD＝Field Research Project to Analyze the Formation Process of Japanese Dialects）の結果を、項目ごとに分布図（言語地図・方言地図）にし、解説を付したもの。方言話者は、原則として70歳以上で長期にわたりそれぞれの場所から移動していないことを条件としている。

　NLJによる義務的モダリティ方言分布図は大西編(2016：160-161)を参照した。

イ）。

（例２）交通規則では車を運転するには試験を受けマイだ（≒受けナイトイケナ
イ）。

図1　『新日本言語地図（NLJ）』による義務的モダリティの方言分布

大西編(2016：160-161)より。引用にあたっては見やすさを考慮して、方言文法研究会サイト内全国
方言文法データベース『『方言文法全国地図』略図集Web版』【否定表現】図31（http://hougen.sakura.
ne.jp/shuppan/2018_ryakuzu.html）を用いた（2023年9月3日最終閲覧）。

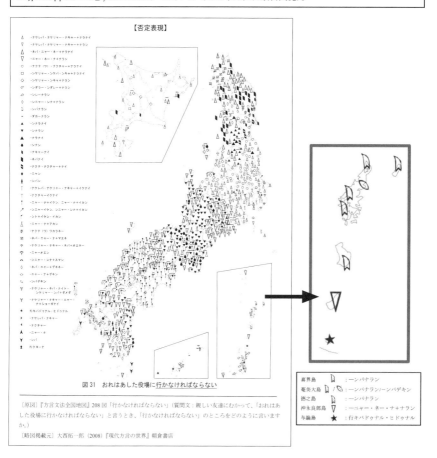

　（例１）（例２）のようなマイという言語形式は鹿児島県本土方言では用いられず、前掲NLJおよびそのもととなった『方言文法全国地図（GAJ＝Grammar Atlas of Japanese)』の、義務的モダリティの分布図には未掲出である。GAJ（206-208図「行かなければならない」）では、北琉球地域における当該の形式として「イカンバナラン（喜界島、徳之島)」「イカンバナラン、イカンバデキン（奄美大島)」「イカニャナラン（沖永良部島)」「イキバドゥナル（与論島)」などが掲出されており、これらはいずれも複合辞由来のものであろう。

　本研究では、『新日本言語地図（NLJ)』『方言文法全国地図（GAJ)』からは詳細をうかがい知ることのできない義務的モダリティのマイについて、Webアンケートおよび紙媒体アンケートで得られた北琉球地域６島のインフォーマント180名程度の回答をもとに、島ごとの使用状況および意味用法をまとめた共時的な文法記述をおこなった。

3-2．義務的モダリティ形式マイに関するアンケート概要
3-2-1．調査対象地域と調査方法

　本研究が調査対象地域としたのは北琉球地域の６島である。琉球諸語は、北琉球方言と南琉球方言（宮古島、石垣島、与那国島などからなる）に二分される（上村 1997，ペラール 2013)。そのうち、北琉球方言域に区分されるのが、（北から順に）奄美大島、喜界島、徳之島、沖永良部島、与論（以上鹿児島県奄美群島)、沖縄本島（沖縄県）であり、図２は当該地域の略図である。

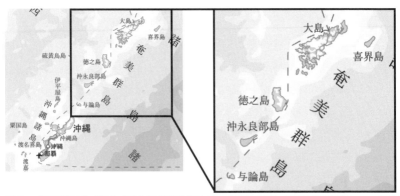

図２　北琉球地域　略図（国土地理院発行のデータより引用。奄美群島地域については拡大図も付す）

　本研究では、北琉球地域で使用されているとおぼしい義務的モダリティのマイの使用状況を探るため、Googleフォームによる北琉球方言インフォーマント対象Webアンケートを2021年8月〜9月に実施した。あわせて、与論島データを補充するため、2022年2月に紙媒体によるアンケート調査を実施した。筆者の本務校である鹿児島国際大学学生や卒業生のつてを頼りに、北琉球地域6島（奄美大島、喜界島、徳之島、沖永良部島、与論島、沖縄本島）すべてのインフォーマントから回答を得ることができた。

3-2-2.　質問項目

　アンケートの質問項目の設定にあたっては、奥田（1988）、高梨（2010）、日本語記述文法研究会編（2003）、丹羽（1991）、森山（1997）などの義務的モダリティに関する先行研究を踏まえ、マイの文法的意味や生起環境、方言意識などを明らかにするための設問を以下の①〜⑦の視点に基づき設定した。
　次頁図3に、本稿に直接関わる設問のみ抜粋して示す。マイに関する具体的な例文は図中で参照可能である。

① 　義務的モダリティ形式としてマイを用いるかどうか　　；設問1-1〜1-5
② 　接続形態はどのようになっているか　　　　　　　　；設問1-1〜1-4
③ 　独話文・対話文・問いかけ文で使用可否に差があるか；設問1-1〜1-4
④ 　「発話者の主観的判断」と「客観的な規制内容」で使用可否に差があるか　　　　　　　　　　　　　　　　　　　　　　　；設問1-1〜1-4
⑤ 　「過去形」「条件節内」「使役文」「可能文」「連体修飾節内」のそれぞれで使用可否に差があるか　　　　　　　　　　　　　　　　；設問1-5
⑥ 　「共通語意識」と「方言意識」、どちらの意識が強いか；設問2-1，2-2
⑦ 　どのような地域で使用されていると認識されているか；設問2-3

166

図3 アンケート調査項目【第3節に関わる設問のみ抜粋】

○「義務」を表す表現マイについて
　ここでお聞きする内容は、義務を表す表現に関する、当地での言い方、使い方に関することです。
　共通語では「お客さんが来るから、今日中に部屋を掃除しナイトイケナイ」「島から鹿児島本土に行くためにはフェリーに乗らナイトイケナイよ」「交通ルールでは、自動車を運転するためには試験を受けナケレバナラナイ」といった言い方が該当します。

1．あなたの地元で「義務」を表す表現をどのように言うのかを教えて下さい。
　　　以下の例文に対して、あなたがふだん使用する言い方で自然だと思われるものを選んでください。
　　　1-1、1-2、1-3、1-4については、選択肢の中であなたが使用できると思うものをすべて選んでください（複数選択可）。また、選択肢のいずれも使用できない場合や、選択肢のほかに使用できそうな言い方がある場合は、「その他」の欄にあなたが使用する言い方を思いつく限り記入してください（複数記入可）。
　　　1-5については、使うことができる、とあなたが感じるものをすべて選んでください。

1-1．明日自宅に来客があることを知って部屋をきれいに掃除する必要がある、という内容のことをあなたが独り言でつぶやく場面をイメージしてください。そのとき、「お客さんが来るから、今日中に部屋を…」に続く言い方として使用できると思うものをすべて選んでください。
　　　　　①掃除しまい。　　　②掃除しまいだ。　　　③掃除しまいじゃ。
　　　　　④掃除しまいや。　　⑤掃除するまい。o r掃除するまいじゃ。or 掃除するまいや。
　　　　　⑥掃除せまい。or 掃除せまいじゃ。or 掃除せまいや。
　　　　　その他…〔　　　　　　　　　　　　　　　　　　　　　　　　　　　　　〕

1-2．住んでいる離島から鹿児島本土に行くためにはフェリーに乗る必要がある、という内容のことを地元の仲の良い知り合いにあなたが伝える場面をイメージしてください。そのとき、「島から鹿児島本土に行くためにはフェリーに…」に続く言い方として使用できると思うものをすべて選んでください。
　　　　　①乗りまい（よ）。　　②乗りまいだ（よ）。or 乗りまいじゃ（よ）。or 乗りまいや（よ）。
　　　　　③乗りまいです（よ）。④乗らまい（よ）。or 乗らまいじゃ（よ）。or 乗らまいや（よ）。
　　　　　⑤乗るまい（よ）。or 乗るまいじゃ（よ）。or 乗るまいや（よ）。
　　　　　その他…〔　　　　　　　　　　　　　　　　　　　　　　　　　　　　　〕

1-3．交通ルールでは自動車を運転するためには試験を受ける必要がある、という内容のことを地元の仲の良い知り合いにあなたが伝える場面をイメージしてください。そのとき、「交通ルールでは、自動車を運転するためには試験を…」に続く言い方として使用できると思うものをすべて選んでください。
　　　　　①受けまい。　　　　②受けまいだ（よ）。or 受けまいじゃ（よ）。or 受けまいや（よ）
　　　　　③受けまいです（よ）。④受けるまい（よ）。or 受けるまいじゃ（よ）。or 受けるまいや（よ）。
　　　　　⑤受くまい（よ）。or 受くまいじゃ（よ）。or 受るまいや（よ）。
　　　　　⑥受くるまい（よ）。or 受くるまいじゃ（よ）。or 受くるまいや（よ）。
　　　　　その他…〔　　　　　　　　　　　　　　　　　　　　　　　　　　　　　〕

1-4.　あなたは役場に行くためにバスに乗りました。その車内で、役場に行くためには次の停留所でバスを降りる必要があるのかどうか、という内容のことをあなたが地元のバスの運転手に尋ねる場面をイメージしてください。そのとき、「役場に行くためには、次の停留所でバスを…」に続く言い方として使用できると思うものをすべて選んでください。

　　　　　①降りまい?　　　　　②降りまいか?　　　　　③降りまいですか?
　　　　　④降りるまい? or 降りるまいか? or 降りるまいですか?
　　　　　その他…〔　　　　　　　　　　　　　　　　　　　　　　　　　　　　〕

1-5.　次のような言い方ができるかどうか教えてください。使うことができる、とあなたが感じるものがあればすべて選んでください。なお、【　】内には対応する共通語の表現を示しています。

　　①学生時代は朝7時に<u>登校しまいだった</u>【≒登校しなければならなかった】。
　　②明日は午前6時に<u>起きまいだから</u>【≒起きないといけないから】、早く寝よう。
　　③どうしても<u>行きまいなら</u>【≒行かなければならないのならば】行くけど、病院にはできれば行きたくないなあ。
　　④健康に良くないから、子どもを<u>早起きさせまい (だ)</u>【≒早起きさせないといけない】。
　　⑤子どもには小さいうちからたくさん本を<u>読ませまい (だ)</u>【≒読ませないといけない】。
　　⑥海外旅行に行きたいのであれば、少しは英語を<u>話せまい (だ)</u>
　　　　　　　　　　　　　　　　　　　　　　　　【≒話すことができなければならない】。
　　⑦島育ちだったら、泳ぎが<u>できまい (だ)</u>【≒できないといけない】。
　　⑧今日家に帰ったら<u>しまいこと</u>【≒しなければならないこと】がある。
　　⑨今日家に帰ったら<u>しまなこと</u>【≒しなければならないこと】がある。
　　⑩仕事が忙しくて、<u>読みまい本</u>【≒読まなければならない本】がたくさんある。
　　⑪仕事が忙しくて、<u>読みまいな本</u>【≒読まなければならない本】がたくさんある。
　　⑫上記いずれの言い方も使用しない

2.　「義務」の意味を表すマイに関する情報提供のお願い
　奄美群島のことばでは、これまでお聞きしてきたような「部屋を<u>掃除しまい</u>」「フェリーに<u>乗りまい</u>」「試験を<u>受けまい</u>」というように、マイという言い方で「義務」の意味を表すことがあるようです。このマイという表現についていくつか質問させて下さい。

2-1.　義務の意味を表すマイが、共通語には見られない奄美群島の方言であることを知っていましたか。
　　①共通語だと思っていた (今回のアンケートで初めて知った)　　　　　②すでに知っていた

2-2.　前問2-1.で「すでに知っていた」を選択した方のみにお聞きします。義務の意味を表す〜マイについて、<u>いつごろどのようにして方言であることを知ったか</u>を教えてください。わかる範囲で構いません。

2-3.　<u>「どのような地域」</u>の、<u>「どのような世代」</u>の人々が義務の意味を表すマイを使用していると思いますか。あなたが知っている範囲で構いませんので、教えてください。とくにご存じのことがない場合は、記入不要です。

3-3. 本研究によって明らかにできたこと

3-2.で述べたような方言調査により以下の①②③の3点を明らかにすることができた。ここでは、その内容を具体的に述べてみたい。

① 奄美群島においては義務的モダリティを表わすマイが広い地域で使用されている。

② 与論島方言においてはマイを使用する層と使用しない層が混在している。また、同じ北琉球方言に分類される沖縄本島方言ではマイを使わない。

③ アンケート例文に対する使用可否をもとにして、奄美群島方言におけるマイの文法的ふるまいに関する素描をおこなった。

3-3-1. 奄美群島における義務的モダリティ形式マイの広範にわたる使用

奄美群島においては義務的モダリティを表わすマイが広い地域で使用されていることが明らかとなった。以下に掲げる表1～表4はそれぞれ奄美大島、喜界島、徳之島、沖永良部島のデータであるが[2]、いずれの島においても回答者すべてがマイを義務的モダリティとして使用するとしている。

表1　奄美大島データ〈インフォーマント記号「a-」〉

①インフォーマント数36（男性17 女性19） ②世代内訳: 若年層26 壮年層8 老年層2【2005生－1949生】		
マイ出現率	使用する世代	使用世代、使用地域に関するインフォーマント自身の認識
100% (36/36)	若年層○ 壮年層○ 老年層○	「奄美全域の全年齢層が使う」(a-9,若年層) 「昭和50年頃に小学生でしたか、マイをよく使っていた(龍郷町)。しかし、大人の方はこのような言い方はあまりしていなかった。完全な方言を使っておられた。若い人達の言葉だったように感じた」(a-32,壮年層)

2　以下に掲げる表1～表6は「マイの出現率」「世代によるマイの使用可否」「マイの使用世代、使用地域に関するインフォーマントの認識」の3項目を、調査対象とした島ごとにまとめたものである。また、本稿では人口統計などで用いられる以下の基準に従って調査時点での世代を分類した。

　　若年層：15-34歳（生年1987-2006）　壮年層：35-65歳（生年1956-1986）
　　老年層：66歳以上（生年-1955）

　　なお、今回の調査では、喜界島に2008年生まれのインフォーマントがあったが、便宜的に若年層に含めた。

表2　喜界島データ〈インフォーマント記号「k-」〉

①インフォーマント数81（男性30　女性51） ②世代内訳: 若年層30　壮年層47　老年層4【2008生－1932生】		
マイ出現率	使用する世代	使用世代、使用地域に関するインフォーマント 自身の認識
100% (81/81)	若年層〇 壮年層〇 老年層〇	「奄美や徳之島の友人には通じるので奄美群島の方は 使用していると思います」(k-14,若年層) 「奄美／喜界、世代は特に問わず。でもオジーオバーが 話してるイメージは湧かない。」(k-79,壮年層) 「喜界だけでなく奄美の方でも通じるようです。幼少期 から使っていますが、高齢者で完全な方言を使う方もマイ は使っています」(k-62,壮年層) 「昔から老人が言っていたから」(k-59,老年層) 「昔から大人の人が使っていたから」(k-60,老年層)

表3　徳之島データ〈インフォーマント記号「t-」〉

①インフォーマント数2（男性0　女性2） ②世代内訳: 若年層2　壮年層0　老年層0【2000生－1990生】		
マイ出現率	使用する世代	使用世代、使用地域に関するインフォーマント 自身の認識
100% (2/2)	若年層〇 壮年層? 老年層?	「奄美群島の出身者はどの世代でも使用している ように感じる」(t-1,若年層)

表4　沖永良部島データ〈インフォーマント記号「e-」〉

①インフォーマント数8（男性3　女性5） ②世代内訳: 若年層8　壮年層0　老年層0【2000生－1994生】		
マイ出現率	使用する世代	使用世代、使用地域に関するインフォーマント 自身の認識
100% (8/8)	若年層〇 壮年層? 老年層?	「10代、20代などの若い世代が使用する」(e-3, 若年層) 「昔ながらの方言を使う世代はあまり使わない気 がする、方言を聞くことはできるけどあまり使わない 世代から使ってるような気がする」(e-6,若年層)

　これまでの先行研究では奄美大島方言以外のマイ使用に関する詳細は明らかとは言えなかった[3]ため、表2に示したように喜界島方言での幅広い世代層における使用が確認できたことは意義があろう。また、徳之島、沖永良部島（表3、4）の2島に関しては若年層世代のデータしか得られなかったが、若年層におけるマイの使用が確認できたことも一定の成果があったと言えよう。

　以上、表1～4からは義務的モダリティのマイが奄美群島内の幅広い世代層において使用されることが明らかとなった。これは、奄美群島地域の経済的中心地である奄美大島の方言が、奄美群島内の地域共通語として機能していることを示している可能性がある。この点は3-3-2.にてもういちど考えてみたい。

3-3-2．与論島におけるマイ使用率の低さ、および沖縄本島でのマイ不使用

　表5の通り与論島についてはほかの奄美群島データとは様相が異なり、マイを用いるインフォーマントと用いないインフォーマントが混在している。

表5　与論島データ〈インフォーマント記号「y-」〉

①インフォーマント数53（男性18 女性33 無回答2）		
②世代内訳: 若年層12 壮年層39 老年層2【2004生−1945生】		
マイ出現率	使用する世代	使用世代、使用地域に関するインフォーマント自身の認識
51% (27/53)	若年層△ (4/12) 壮年層△ (23/39) 老年層× (0/2)	「中学生の頃、郡大（奄美群島内で行なわれる部活動の大会）で奄美の学生が耳にするのを聞き、不思議な言い方だなと思ったのが最初。24歳の時に就職で奄美（宇検村・奄美市）に住むようになり、そこから奄美の人と会話する際には積極的に使用するようになった」(y-1,若年層:4年間の奄美市在住経験有)「与論町在住の家族と話していて、『～マイだね』と言ったら、その言い方するのは奄美の人くらいだ、と言われた。4年位前のことです」「奄美大島出身の10代～40代の人たちはみんな～シマイと言っていました。それ以外の方はわかりません」(y-55,若年層:2年間の奄美市在住経験有)「与論には「まい」の用法はありません」「20代には知っていた。奄美大島辺りの人が使っていた気がする」(y-5,壮年層)

3　マイに触れた先行研究としては、以下に掲げた寺師（1985）のほか、恵原（1987：32-33）、倉井（1987：220-221）、長田・須山・藤井編（1980：477）、三石（1993：262）、永田（1996：67）などがあるが、いずれも奄美大島方言のみに関する言及である。
　　寺師忠夫は1905（明治38）年 奄美大島旧名瀬市（現奄美市）出身。
「当然の助動詞　義務や論理的必然を表すのに、（奄美）方言では『――ィマエ』（動詞連用形＋マエ／――imaje）を用いる。この『――，マエ』は標準語の『べし』と同じく義務も表わすが、当然の意味もある。
○ワガ　イキ 'マエダロ　＝僕が行くべきだろう，僕が行かねばなるまい。
○アンマガ ワゥラジ ボーヤ ナキマエ
　　　　　＝母が 居ないので 坊やは 泣くにちがいない。」(寺師 1985:227-228)

　y-1（若年層），y-5（壮年層）のように与論島方言としては使用しないという
回答があった一方、約半数のインフォーマント（53名中27名）のマイ使用が認
められた。マイ不使用のインフォーマントが用いる義務的モダリティ形式は「シ
ナイト（y-1, 若年層／ y-3, 若年層／ y-6, 若年層）」「シナイトイケナイ（y-4,
若年層／ y-6, 若年層）」「セント（y-1, 若年層）」といった共通語形に近いも
のや、「シリバドゥナユイ（y-2, 壮年層）」など伝統的方言形と見られるもので
あった。

　マイ使用者の出身地区も那間（北部）、古里（東部）、茶花（西部）、麦屋（南
部）など与論島各域に分布し、特定地域のみで使用されるということではなさ
そうである⁴。2名の回答にすぎないが老年層によるマイの使用が認められない
ことも考え合わせると、与論方言のマイの様相は、（奄美群島地域の経済的中心
地である）地域共通語としての奄美方言の影響を受けつつも十分にはその影響
が及んでいないことを示している可能性がある⁵。このように、与論島方言と他
の奄美群島方言とではマイ使用の様相が異なることが明らかとなった。

　また、データ数は少ない（5名）が、表6によると沖縄本島ではマイが使用
されないようである。

表6　沖縄本島データ〈インフォーマント記号「o-」〉

①インフォーマント数5（男性1　女性4） ②世代内訳: 若年層3　壮年層1　老年層1【2003生－1954生】		
マイ出現率	使用する世代	使用世代、使用地域に関するインフォーマント 自身の認識
0% (0/5)	若年層× 壮年層× 老年層×	「<u>奄美出身の友達が</u>、〜マイを使っていた」(o-2, 若年層)

4　マイを使用する27名について、奄美大島、喜界島といった幅広い世代でのマイ使用が認
　められる地域での居住経験があったのは5名のみであった。

5　表6と合わせて考えると、奄美大島よりも沖縄本島が近いという与論島の地理事情も関
　わるか。与論島出身者である林（2014：43）は与論島について「鹿児島県に属してはい
　るが琉球地方の影響も強く受けており、言葉や文化の面では鹿児島県と沖縄県の特色が
　入り混じるかたちで存在している」と述べる。

　o-2（2003年生）がマイは奄美大島方言であるという認識を持っていることも沖縄本島ではマイが使用されないことの証左となろう。沖縄本島で用いられる義務的モダリティ形式は「シナイト（o-3, 若年層）」「シナイトイケン（o-2, 若年層／o-5, 若年層）」「セントイケン（o-2, 若年層／o-5, 若年層）」「セントナラン（o-1, 老年層）」「サネーナラン（o-4, 壮年層）」などであった。同じ北琉球方言地域であっても県を異にする沖縄本島においてマイは使用されないことから、マイを「地域共通語としての奄美方言」の一つとみてよいのではなかろうか[6]。

3-3-3. 奄美群島方言におけるマイの文法的ふるまい

　3-3-2.に提示したアンケート項目１において義務的モダリティ形式のマイを使用すると回答したインフォーマントの、例文中に提示された各選択肢に対する使用可否をもとにすると、マイが形態的特徴として以下のような文法的ふるまいをすることが明らかとなった。

　まず、マイを使用するすべてのインフォーマントについて、「動詞連用形＋マイ」という接続をする、と回答した。未然形（*乗らマイ）・終止形（*乗るマイ、*受けるマイ、*掃除するマイ）への後接は見られなかった[7]。

　次に、マイそれ自体は語形変化しないが、コピュラ（繋辞）の付加により過去テンス（登校しマイダッタ）や丁寧さ（受けマイデス、降りマイデスカ）を示せることが確認できた。また、文末止用法でのコピュラ付加は非義務的（「掃除しマイ［φ／ダ］。ともにOK）であることが確認できた[8]。

　以上のようなマイの形態的特徴はおおむね先行する言及[9]に合致するものであって、新しい知見を示せたわけではないが、奄美大島以外の奄美群島方言に

6　ロング（2013：95-96）は、奄美出身者が沖縄本島で使って通じなかった表現に「しまいっちば！」を挙げ、奄美出身者は標準語の「しないといけないよ」に相当すると言っている、と述べる。

7　ここから、共通語のマイとは文法的意味も接続形態も異なることがわかる。
　【参考】共通語のマイ（文法的意味：打消意思・打消推量／接続形態：五段活用動詞は終止形に後接、それ以外の動詞は未然形または終止形に後接）
　　・けっして泣くマイとこらえた。
　　・こんな映画を薦めても、彼はどうせ｛見マイ／見るマイ｝。

8　これらの特徴は共通語における義務的モダリティのベキダに合致する。

9　「先行する言及」とは、注３に掲げた参考文献を指す。

おける文法的ふるまいが確認できたことは意義があろう。

4．コロナ禍における方言研究 – 研究手法の工夫

　2020年初頭より世界を襲ったコロナ禍は人々の移動や接触を制限することとなり、その状況は数年にわたった。日本語研究に関して言うと、とくに対面によるフィールド調査を基本とする方言研究の分野における研究の停滞が生じ、この分野に関する新たな研究手法を考案することが喫緊の課題となった。

　清水基金プロジェクトの支援により本研究をスタートさせた2021年度はまさにコロナ禍のただ中にあったのだが、本節ではそのような状況下で本研究が取り組んできた方言研究の調査手法に触れ、コロナ禍におけるフィールド調査に代わる調査手法による言語研究の取り組みの事例紹介としたい。

　本稿の筆者（松尾）担当のゼミナールに4名の北琉球地域の出身者（奄美大島・喜界島・与論島の奄美群島3島、および沖縄本島）が所属していたという幸運もあって北琉球地域の方言を調査対象とすることが決まったのち、では具体的なテーマをどういったものにするかというところから本研究はスタートした。そこで、北琉球出身の若年層にあたるゼミ生とその友人の協力を得て、Web会議ツールである「Zoom」を活用した若年層の方言談話データ聴取を行なった。その談話の動画データ分析をもとにして、研究テーマを義務的モダリティのマイに設定することが叶ったのである（写真1）。

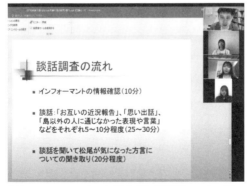

写真1　Zoomによる与論島若年層談話データの聴取の様子

　次に、義務的モダリティのマイが北琉球地域内でどのような方言分布を示すかを明らかにするための大規模アンケートの実施となったのだが、フィールド調査に代わる調査手法として、本研究ではWebアンケート機能をもつ「Googleフォーム」による方言調査の実践を試みた（写真2）。

　これに加えて、Googleフォームのアンケート結果は瞬時に「スプレッドシート」という、オンラインで利用できる表計算ソフトに反映させることが可能であり、作成された表をもとに円滑に調査の分析を進めることができた（写真3）。

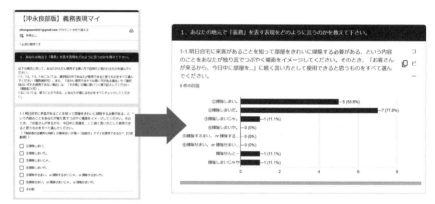

写真2　Googleフォームによるアンケート調査

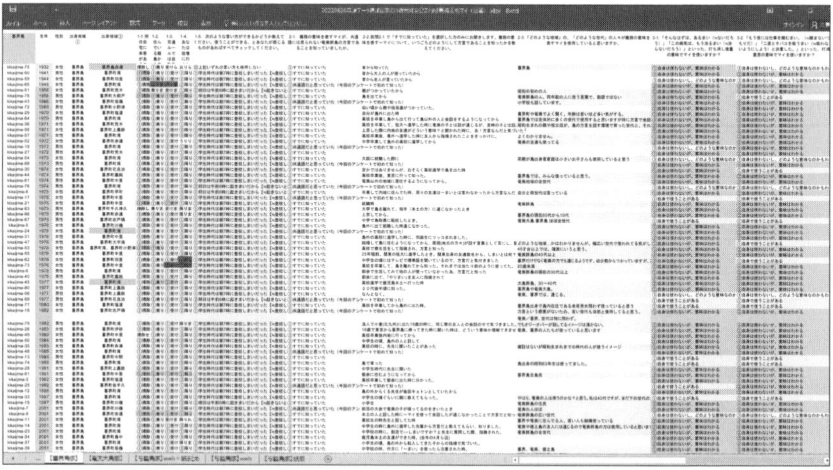

写真3　スプレッドシートを活用したデータ整理

　Googleフォームによるアンケートであればスマートフォンを用いた回答が可能であり、通信回線がある程度普及した現在の日本国内であれば、通信環境を気にする必要もない。インフォーマントと研究者の都合を合わせずとも、いつでも回答できるというのもWebアンケートの大きな利点といえるだろう。

　スマートフォンを保持していない割合が高い老年層インフォーマントへの調査はどうすべきか、あるいは調査を実施する研究者側の意図が回答するインフォーマントに対して文面でうまく伝えられるのか、など乗り越えるべき点はあったにせよ、コロナ禍のさなかにおいても方言研究を進展させてゆくために、本稿が行なった研究手法の工夫に関する取り組みには一定の意義があったものと考える[10]。

5．地域と大学との繋がり、学生への教育効果

　本稿が支援を受けた清水基金プロジェクトの理念は、「地域文化や地域振興、地域福祉に関する研究を進めることで地域の発展に寄与すること」である[11]。

　本稿の筆者は、高等教育機関を持たない離島地域の方々にも言語研究のおもしろさを伝えたい、という強い思いを抱き、本研究を進めてきた。鹿児島県は、離島の面積・人口ともに全国第1位であり、高等教育機関と離島地域がより強い結びつきを持ってゆくことは、離島地域の社会貢献に繋がるであろう。

　また、本研究は鹿児島国際大学で言語研究に関心のある大学院生や学部学生と連携をとりつつ進めてきた。うつりゆく方言の推移のさまを知り、現時点における方言を記録しておくことは当該地域の方言研究にとって大きな貢献をな

10　本稿が公表される2024年段階においては、Zoom、Googleフォーム、スプレッドシートなどのツールは広く世間に知られることとなった。ここでは、研究手法に関わる当時の試行錯誤のさまを感じていただければ幸いである。

11　鹿児島国際大学ホームページ内サイト「清水基金プロジェクト研究について」を引用すると、以下の通りである。
　　「清水基金プロジェクトとは、本学福祉社会学部の高橋信行教授の恩師である、故清水盛光氏から受け継がれた財産をご長男の故清水韶光氏の遺言書に基づき遺贈された寄附金を使用し、行われるプロジェクトです。
　　地域文化や地域振興、地域福祉に関する研究を進めることで地域の発展に寄与することを目的とした寄附研究を行っています。」
　　（https://www.iuk.ac.jp/shimizu-kikin/index.html　2023年9月4日最終閲覧）

しうるし、かつ学生への教育的効果も見込まれる。

　前節までは清水基金プロジェクトの支援を受けて行なってきた言語研究の概要を述べてきたが、本節では研究活動の中で生まれた「地域と大学との繋がり」と「学生への教育効果」について触れてみたい。

5-1．研究の中で生まれた地域と大学との繋がり

　清水基金プロジェクトの支援により本研究をスタートさせた2021年度は、第4節で述べた通りあいにくコロナ禍のただ中にあり、奄美群島の島々に赴いて対面による方言調査を実施する、ということは極めて難しい状況下にあった。そのため、本研究の調査は主としてWebアンケートに頼らざるを得なかったのだが、2022年以降はコロナ禍がやや落ち着きを見せ始めたことで、奄美群島諸地域に赴いての対面調査を実施することが可能となった。

　2022年2月に与論島へ方言調査に赴いた際には、与論島唯一の高校である鹿児島県立与論高等学校にて「文化講演会」と題された講演の場を設けていただき、『格助詞』を手がかりにして日本語の文法の深層にふれてみよう！」というテーマで与論高校の生徒に言語研究の一端を紹介する機会を得た（写真4、5）。また、与論島調査の最終日には、与論民俗村村長として与論の地で伝統文化や方言の継承活動に取り組んでおられる菊秀史氏を訪ね、与論島の歴史や文化に関する貴重なお話を聞くことができた（写真6、7）。

　翌2023年2月に喜界島へ赴き方言調査を実施した際には、喜界島言語文化保存会の生島常範、喜禎光弘両氏との交流の機会を得て、喜界島の伝統方言と若年層の話す方言に関する相違点など貴重なお話を伺うことができた（写真8、9）。

　このように本研究の成果や訪問調査時の交流活動を通じて、いささかなりとも当該地域の発展に寄与することが叶ったのではないかと感じている。

上・写真4　与論高校での筆者講演

右・写真5　与論高校ホームページの紹介記事
（http://www.edu.pref.kagoshima.jp/sh/yoron/docs/
2022030100022/　2023年9月4日最終閲覧）

写真6　与論民俗村の菊秀史氏（写真左）

写真7　民俗村内にある伝統的調度品

写真8　生島常範氏（写真中央）と

写真9　喜禎光弘氏（写真中央）と

5-2. 研究を通した学生への教育効果

　5-1.で紹介した与論島、および喜界島方言調査時には筆者のゼミナールに所属し言語研究に取り組んでいる鹿児島国際大学学生にも同行してもらった（与論島調査時1名、喜界島調査時2名の同行）。学生を同行させた意図としては、研究補助という側面だけでなく学生への教育効果を見込んだ部分も大きい。

　たとえば、先述した2022年2月の与論高校での「文化講演会」の中では、同行した学生（同じ奄美群島内の喜界島出身者）に大学での学びについてのプレゼンテーションを行なってもらったのであるが、このことは与論高校の生徒たちの刺激になっただけでなく、プレゼンテーションを行なった同行学生自身にとっても良い経験を積ませることができたのではないかと感じている。

　また、2023年2月の喜界島方言調査時には、介護老人福祉施設での対面聞き取り調査を学生にも行なってもらった。老年層インフォーマントに対する方言の聞き取りはたいへんな労力を要するのであるが、そういった経験を積むことで、「伝わる話し方の工夫」「傾聴力」など他者配慮に関わる同行学生の成長が見られたように思う（写真10、11）。また聞き取り調査の途中で、老年層インフォーマントの方々の学生時代には喜界島でも標準語を普及させる手段として「方言札」が実際に使用されていた、というお話を伺うことができた。知識として知っていたことを当事者から実体験として聞けたことで、同行学生にとっては貴重な学びができたのではなかろうか。

写真10、11　喜界島にある介護老人福祉施設での聞き取り調査の様子

6．おわりに－プロジェクト終了後のこれから

　清水基金プロジェクトの支援を受けて行なってきた本研究では、奄美群島地域における義務的モダリティ形式のマイを中心に論じてきた。本研究を推し進めてゆけば、奄美群島地域で生成された地域共通語の伝播のプロセスを浮かび上がらせることができるものと思われ、方言研究のみならず文法史研究および社会言語学的研究にも大きな貢献をなし得るものと考えている。

　清水基金プロジェクトの支援期間は2023年度をもって終了を迎えるが、この期間中に得られた研究成果を契機として、筆者は文部科学省科学研究費助成事業の採択を受け、本研究テーマをさらに推進できる機会を得た[12]。

　清水基金の基本理念である「地域の発展への寄与」の精神を心に刻み、研究をいっそう進めてゆきたい。

【参考文献】※著者名五十音順

上村幸雄（1997）「琉球列島の言語：総説」亀井孝・河野六郎・千野栄一編『言語学大辞典セレクション　日本列島の言語』三省堂：311-354

恵原義盛（1987）『奄美の方言さんぽ　Ⅰ』海風社

大西拓一郎編（2016）『新 日本言語地図―分布図で見渡す方言の世界』朝倉書店

奥田靖雄（1988）「文の意味的なタイプ―その対象的な内容とモーダルな意味とのからみあい」『教育国語』92：14-28

長田須磨・須山名保子・藤井美佐子編（1980）『奄美方言分類辞典　下巻』笠間書院

倉井則雄（1987）『トン普通語処方箋―シマの標準語をすっきりさせる法』私家版

高梨信乃（2010）『評価のモダリティ―現代日本語における記述的研究』くろしお出版

寺師忠夫（1985）『奄美方言、その音韻と文法』根元書房

永田高志（1996）『琉球で生まれた共通語』おうふう

日本語記述文法研究会編（2003）『現代日本語文法4　第8部 モダリティ』くろしお出版

丹羽哲也（1991）「『べきだ』と『なければならない』」『人文自然論叢』23・24：53-72

12　採択課題「地域共通語としての奄美語に関する方言文法研究」（課題番号23K00566　研究期間：2023年度〜2025年度）

林優花（2014）「与論方言の可能表現形式―動作主体の人称による形式の使い分けを中心に」『鹿児島国際大学大学院学術論集』6：41-53

ペラール、トマ（2013）「日本列島の言語の多様性―琉球諸語を中心に」田窪行則編『琉球列島の言語と文化　その記録と継承』くろしお出版：81-92

松尾弘徳（2023）「奄美群島方言における義務的モダリティ形式マイについて―奄美大島・喜界島・与論島方言を中心に」『西日本国語国文学』10：90-103

三石泰子（1993）『名瀬市の方言』秋山書店

森山卓郎（1997）「日本語における事態選択形式―『義務』『必要』『許可』などのムード形式の意味構造」『国語学』188：110-123

ロング、ダニエル（2013）「奄美大島のトン普通語と沖縄本島のウチナーヤマトゥグチの言語形式に見られる共通点と相違点」『日本語研究』33：87-97

[付記] 本稿は鹿児島国際大学清水基金プロジェクト「鹿児島方言に生じた新方言の生成過程に関する研究－県内周辺地域の新方言の実態を探る」、およびJSPS科研費23K00566による成果の一部である。

　調査に協力下さった奄美群島インフォーマントの方々に対し心より感謝申し上げる。また、本稿の準備段階においては清水基金プロジェクトメンバーである以下の鹿児島国際大学学生および卒業生の研究支援を受けた。ここに記して感謝申し上げたい。

　林優花，吉行郁海，小川温仁，原佑騎，下柳田泰晟，馬関美憂，宇根信太朗，吉川竜哉，松下達哉，上村順二，田原未夢，鹿野愛華，川西幸美，名和晴風，孫渓蔓，梁雯淇，舒暢，王艺蔓

地域探究の視角

清水基金プロジェクト　資料編

清水盛光先生・清水韶光先生について

清水盛光先生

【略歴】

1904（明治37）年12月25日　広島市生まれ

1922（大正11）年 3 月　名古屋陸軍幼年学校卒業

1924（大正13）年 3 月　陸軍士官学校予科卒業

1924（大正13）年 4 月　野砲兵第一聯隊附士官候補生

1924（大正13）年10月　陸軍士官学校本科入校

1925（大正14）年 3 月　病気のため士官候補生被免

1928（昭和 3 ）年 3 月　明治大学政治経済学部中退

1931（昭和 6 ）年 3 月　九州帝国大学法文学部卒業

1931（昭和 6 ）年 4 月〜1934（昭和 9 ）年 1 月　九州帝国大学副手、社会学研究室勤務

1934（昭和 9 ）年 2 月〜1935（昭和10）年 3 月　九州帝国大学助手、社会学研究室勤務

1934（昭和 9 ）年 4 月　南満洲鉄道（満鉄）入社、経済調査会（後の調査部・調査局）
　　　　　　　　　　　　第 6 部基礎調査班勤務

1934（昭和 9 ）年11月　職制改革により経済調査会第 1 部東亜経済班勤務

1938（昭和13）年 4 月　職制改革により調査部法政調査室社会文化班主任

1943（昭和18）年 5 月　職制改革により調査部調査役

1944（昭和19）年 4 月〜1945（昭和20）年 3 月　東亜同文書院大学講師（非常勤）

1944（昭和19）年 8 月　満鉄解体、中長鉄路公司研究所主任研究員

1947（昭和22）年 2 月　同辞任

1947（昭和22）年 3 月　帰国

1947（昭和22）年 6 月　京都大学人文科学研究所研究嘱託（常勤）

1947（昭和22）年10月　京都大学助教授、人文科学研究所勤務

1949（昭和24）年 4 月　京都大学教授、人文科学研究所勤務

1953（昭和28）年 4 月〜1954（昭和29）年 3 月　岡山大学法文学部講師（非常勤）

1955（昭和30）年 4 月〜1956（昭和31）年 3 月　神戸大学文学部講師（非常勤）

1955（昭和30）年 4 月〜1957（昭和32）年 3 月　京都大学教育学部講師（非常勤）

1956（昭和31）年 4 月〜1958（昭和33）年 3 月　神戸大学教授併任、文学部勤務

1958（昭和33）年 4 月〜1959（昭和34）年 3 月　神戸大学文学部講師（非常勤）

1958（昭和33）年 4 月〜1965（昭和40）年 3 月　大阪大学文学部講師（非常勤）

1958（昭和33）年７月　文学博士の学位授与

1960（昭和35）年４月〜1961（昭和36）年３月　大阪市立大学文学部講師（非常勤）

1960（昭和35）年４月〜1965（昭和40）年３月　京都大学文学部授業担当

1960〔昭和35〕年４月〜1968（昭和43）年３月　京都大学大学院文学研究所授業担当

1964（昭和39）年４月〜1965（昭和40）年３月　大阪市立大学文学部講師（非常勤）

1965（昭和40）年４月〜1968（昭和43）年３月　神戸大学文学部講師（非常勤）

1966（昭和41）年４月〜1968（昭和43）年３月　京都大学文学部授業担当

1966（昭和41）年４月〜1968（昭和43）年３月　関西学院大学社会学部講師（非常勤）

1968（昭和43）年３月　定年により京都大学教授退官

1968（昭和43）年４月　京都大学名誉教授

1968（昭和43）年４月〜1973（昭和48）年３月　関西学院大学社会学部教授

1974（昭和49）年４月〜1977（昭和52）年３月　松山商科大学教授

1977（昭和52）年４月〜1983（昭和58）年３月　駒澤大学教授

1999（平成11）年１月16日　永眠

【著作目録】

<u>著書</u>（タイトル、出版社、出版年月）

１．『支那社会の研究─社会学的考察』岩波書店、1939年６月

２．『支那家族の構造』岩波書店、1942年７月

３．『中国族産制度攷』岩波書店、1949年２月

４．『中国郷村社会論』岩波書店、1951年７月

５．『家族』（全書版）岩波書店、1953年10月

６．〔中文〕『中国族産制度考』（宋念慈訳）中華文化出版事業委員会、民国45年９月

７．『集団の一般理論』岩波書店、1971年６月

<u>編著</u>（タイトル、出版社、出版年月）

１．『封建社会と共同体』（会田雄次氏と共編）創文社、1961年３月

<u>論文</u>（タイトル、掲載雑誌、巻号、出版年月、収録著作）

１．「自然的家族と社会的家族─家族概念の社会学的規定」『社会学』３輯、岩波書店、
　　1935年12月

２．「親族関係の本質と形態」『満蒙』17巻８〜12号、1936年８〜12月（著書1）

３．「旧支那に於けるギルドの勢力」『満鉄調査月報』16巻9号、1936年９月（著書1）

４．「旧支那に於ける専制権力の基礎」『満鉄調査月報』17巻２号、1937年２月（著書1）

5．「旧支那に於ける村落の自治」『満鉄調査月報』17巻6号、1937年6月（著書1）

6．「階級による連帯の破壊」『満鉄調査月報』17巻12号、1937年12月（著書1）

7．「支那に於ける同族部落」『家族制度全集』史論篇Ⅳ、河出書房、1938年12月

8．「旧支那に於ける家族構造の特質」『満鉄調査月報』18巻5号、1938年5月（著書1）

9．「支那家族の諸構造」『満鉄調査月報』20巻8〜10号・21巻4〜7号、1940年8〜10月・1941年4〜7月（著書2）

10．「支那」『社会科学新辞典』河出書房、1941年4月

11．「中国に於ける落穂拾ひの俗について」『東光』7号、1949年1月

12．「中国の郷村統治と村落」『社会構成史体系』2号、日本評論社、1949年7月（著書4）

13．「中国郷村の治水灌漑に現はれたる通力合作の形式」『東方学報』18号、1950年2月（著書4）

14．「慣行と慣習―二概念の相關性」『東方学報』22号、1953年3月

15．「集合意識と個人意識」『人文科学研究所創立25周年記念論文集』1954年10月

16．「我等意識と集団―社会集団に関する試論1」『人文学報』8号、1958年3月

17．「集団の本質とその属性―社会集団に関する試論2」『人文学報』10号、1959年3月

18．「フランスにおける村落共同体の自治」『封建社会と共同体』創文社、1961年3月（編著1）

19．「集団における共同関係と統一の一体性」『人文学報』17号、1962年11月

20．「集団論の問題」『人文学報』20号、1964年10月

21．「成立事情の差異による集団の類型」『人文学報』22号、1966年3月

22．「集団の構造と機能」『人文学報』25-26号、1968年1月・3月

23．「ギュルウィッチにおける『我等』の概念について―とくに『我等』の成立条件についての彼の説に対する疑問」『関西学院大学社会学部紀要』22号、1971年3月

24．「パーソンズにおける『集合体の概念』―その概念の多義性について」『関西学院大学社会学部紀要』26号、1973年3月

翻訳（タイトル、掲載雑誌、巻号、出版年）

1．ヴォーリン「支那に於ける農村経済の構造」（〔露文〕「ヴェストゥニック・マニチジューリー」誌1926年所載）、『満鉄調査月報』16巻7号、1936年7月

※「清水盛光教授略歴および主要著作」『関西学院大学』26号（1973年）に加筆。

清水韶光先生

【略歴】

1942（昭和17）年 1 月13日　東京都生まれ

1960（昭和35）年 3 月　同志社高等学校卒業（京都）

1960（昭和35）年 4 月　東京大学理科I類入学

1965（昭和40）年 3 月　東京大学理学部物理学科卒業

1965（昭和40）年 4 月　東京大学理学系大学院入学

1972（昭和47）年 3 月　理学博士（東京大学）取得

1973（昭和48）年10月　東京大学理学部・助手

1984（昭和59）年 4 月　高エネルギー物理学研究所助教授

1990（平成 2 ）年 4 月　高エネルギー物理学研究所教授

2005（平成17）年 3 月　高エネルギー加速器研究機構定年退職

2005（平成17）年 4 月　高エネルギー加速器研究機構名誉教授

2005（平成17）年 4 月　総合研究大学院大学名誉教授

2005（平成17）年 4 月　総合研究大学院大学・葉山研究センター特別研究員

2005（平成17）年 4 月　フランス共和国より国家功労勲章シュヴァリエ章を受章

2010（平成22）年 3 月　総合研究大学院大学・葉山研究センター退職

2015（平成27）年10月 6 日　永眠

清水基金プロジェクトについて

(1) 地域総合研究所清水基金プロジェクト

　清水基金プロジェクトとは、鹿児島国際大学福祉社会学部教授の高橋信行の恩師である、故清水盛光氏から受け継がれた財産をご長男の故清水韶光氏の遺言書に基づき遺贈された寄附金を使用し、行われるプロジェクトである。

　鹿児島国際大学附置地域総合研究所をベースにして、地域文化や地域振興、地域福祉に関する研究を進めることで地域の発展に寄与することを目的とした寄附研究を行ってきた。

　研究は大きく3期に分けられる。第1期と第2期はそれぞれ2年間の計画で、第3期は1年の計画とし、当初は、5年間の計画として展開された。ただし、5年間の計画中、日本社会は、コロナ禍のなかで、しばしば研究を進めることが困難となり、特に第3期は、実際的には2年間の研究となり、6年間の計画となった。

　研究の方向性としては、社会学的な集団論や家族論及び地域社会論または、清水盛光氏の著作に関連した研究、地域社会と地域振興等に関する研究（特に過疎離島の地域福祉や地域振興を含め）、現代社会における福祉課題についての研究を対象にした。

第1期 （平成29年度～30年度）

　第1期は、5人の研究者と1団体が参加して、研究が進められた。

　鹿児島国際大学の研究者としては高橋信行氏、武田篤志氏、馬頭忠治氏、そして岡田洋一氏の4名が、そして福祉職能団体として鹿児島県精神保健福祉士協会が参加している。また京都女子大学の竹安栄子氏が参加している。

表1　第1期地域総合研究所清水基金プロジェクト（所属は当時）

研究者	所属	研究サブテーマ
高橋信行	鹿児島国際大学福祉社会学部社会福祉学科教授	集団の一般理論（清水理論）による現代コミュニティ分析
武田篤志	鹿児島国際大学経済学部経営学科准教授	過疎・離島の地域振興と地域福祉—CCRCの可能性を中心として 鹿児島における場所活性化デザイン研究
馬頭忠治	鹿児島国際大学経済学部経営学科教授	地域と学校の新しい関係づくり
岡田洋一	鹿児島国際大学福祉社会学部社会福祉学科教授	鹿児島県における医療保護入院者生活環境相談員の現状と課題
一般社団法人鹿児島県精神保健福祉士協会		～精神保健福祉士、他職種、当事者、地域からの視点より～
竹安栄子	京都女子大学特命副学長地域連携研究センター長	中国社会に関する研究 地域文化と地域振興に関する実証研究

第2期（令和元年度～2年度）

　第2期は、6人の研究者と1職能団体が参加している。

　鹿児島国際大学の研究者として、武田篤志氏、森勝彦氏、高橋信行氏、馬頭忠治氏、渡辺克司氏、祖慶壽子氏と、3学部所属の教員が参加するとともに、職能団体として、鹿児島県介護福祉士会が参加している。また京都女子大学長である竹安栄子氏も参加している。

188

表2　第2期地域総合研究所清水基金プロジェクト（所属は当時）

研究者	所属	研究サブテーマ
武田篤志	鹿児島国際大学経済学部経営学科准教授	鹿児島における場所活性化デザイン研究
森　勝彦	鹿児島国際大学国際文化学部国際文化学科教授	香港、台湾の歴史的港湾空間の保存、再生と地域社会
高橋信行	鹿児島国際大学福祉社会学部社会福祉学科教授	離島の地域福祉推進と日常生活圏域での包括ケアの構築
馬頭忠治	鹿児島国際大学経済学部経営学科教授	地域と学校の境界を越えた学習環境の創出とコミュニティ・リノベーションの可能性
渡辺克司	鹿児島国際大学経済学部経済学科教授	過疎・離島地域における「限界集落」問題と地域農業振興策——離島・過疎農村社会維持・存続・発展条件の解明
祖慶壽子	鹿児島国際大学国際文化学部国際文化学科教授	甑島における方言研究の成果を地域振興に活かす
高橋信行　一般社団法人鹿児島県介護福祉士会	鹿児島国際大学福祉社会学部社会福祉学科教授	現代社会における福祉課題についての研究
竹安栄子	京都女子大学学長	中国社会に関する研究（清水理論の検証と発展）
		地域社会と地域振興に関する実証研究

第3期　（令和3年度〜4年度）

　第3期は、鹿児島国際大学研究者8名と博士後期課程の大学院生1名が参加している。池田亮一氏、馬頭忠治氏、ジェフリー・S・アイリッシュ氏、松尾弘徳氏、祖慶壽子氏、千々岩弘一氏、渡辺克司氏、武田篤志氏、野中弘美氏である。当初は1年間のプログラムとしたが、コロナ禍のなかで、2年間のプログラムに変更した。

表3　第3期地域総合研究所清水基金プロジェクト（所属は当時）

研究者	所属	研究サブテーマ
池田亮一	鹿児島国際大学経済学部経済学科准教授	奄美大島（奄美市）の基幹産業の把握と振興策
馬頭忠治	鹿児島国際大学経済学部経営学科教授	地域における学習環境の現状と図書館活動を核とする町おこしの現状と課題
ジェフリー・S・アイリッシュ	鹿児島国際大学経済学部経営学科教授	川辺町平山地区に位置する商店街の現状、課題、可能性を探る
松尾弘徳	鹿児島国際大学国際文化学部国際文化学科准教授	鹿児島方言に生じた新方言の生成過程に関する研究——県内周辺地域の新方言の実態を探る
祖慶壽子	鹿児島国際大学国際文化学部国際文化学科教授	甑島における次世代への継承語としての方言調査
千々岩弘一	鹿児島国際大学福祉社会学部児童学科教授	占領期の奄美の学校教育の実態——天城小学校の学校日誌の復刻
渡辺克司	鹿児島国際大学経済学部経済学科教授	①鹿児島県における農福連携の実態、②有機農業、③フードデザート問題、④国産コーヒーの可能性、⑤事業協同組合と既存組合との関係について
武田篤志	鹿児島国際大学経済学部経営学科准教授	鹿児島における場所活性化デザインの研究
野中弘美	鹿児島国際大学福祉社会学研究科　博士後期課程	保健医療福祉専門職が捉える認知症高齢者の地域での暮らしの限界

（文責：高橋信行）

190

（2）福祉社会学研究科　大学院プロジェクト５年間の軌跡

　清水基金による支援は、若手研究者への研究助成として、鹿児島国際大学大学院福祉社会学研究科に所属する大学院生に対しても行われてきた。

　清水基金プロジェクトは、福祉社会学研究科を対象にしてプロジェクト研究と個人研究（大学院生に対して）に研究費を提供していた。大学院プロジェクト研究が2017年度より５年間の予定で開始され、2021年度をもって終了となった。

　実は大学院プロジェクト研究には、長い歴史がある。大学院プロジェクト研究が生まれたのは、本学に福祉社会学研究科ができて３年ほどたった2003年度である。そこから20年がたつわけである。

　最初の大学院プロジェクト研究は、旧隼人町で行われていた「365日・１日２食」の老人給食サービスを主なテーマとしたものであった。

　最初のプロジェクト研究報告書の「あとがき」で、高木邦明教授は次のように述べている。

　　開設三年目の鹿児島国際大学大学院・福祉社会学研究科では、ここまで社会人入学者が高い割合を占めてきた。鹿児島県内および隣県の社会福祉や保健医療の関係施設、行政機関、学校等の職員としてのキャリアを重ねてきた院生である。それに学部からストレートに大学院に進学をし、職業としての現場経験を有しない若い院生とが相互に交流・研鑽しあって本研究科には独特の知的雰囲気が醸成されつつある。プロジェクト研究は、一つにはこうした教育研究の場における多彩なメンバーの知的活力に依拠し、地域の福祉活動に焦点をあてた研究を行い、具体的な成果をあげることを目的としている。さらに、共同作業を通して院生一人ひとりの研究力量を伸張させる訓練の機会としても位置づけられている。こうした企図をもって、2003（平成15）年度のプロジェクト研究チームは、修士課程の院生11名と教員3名の合計14名で編成された。

　このプロジェクト研究は10年ほど続けられたが、その後打ち切られた。手元

にある報告書のタイトルは以下のようになっている。初期の頃は、学会報告ま
で持って行っていたものもある。

表4　福祉社会学研究科　大学院プロジェクト研究の軌跡

2003年度　大学院プロジェクト研究報告書——隼人町老人給食サービス事業に関する調査研究（日本社会福祉学会　学会報告も含む）
2004年度　大学院プロジェクト研究報告書——鹿児島市地域子育て支援センター事業に関する調査研究
2005年度　大学院プロジェクト研究報告書——鹿児島市地域参加型機能訓練事業(お達者クラブ)の成果と役割に関する調査研究（日本社会福祉学会　学会報告）
2006年度　大学院プロジェクト研究報告書——「ふれあいプラザ　なのはな館」高齢者中央大学に関する調査
2007年度　大学院プロジェクト研究報告書——鹿児島県の児童養護施設職員に関する調査研究
2008年度　大学院プロジェクト研究報告書——地域包括支援センター活動実態と課題
2009年度　大学院プロジェクト研究報告書——精神科病院における精神保健福祉士の職務意識に関する調査研究
2010年度　大学院プロジェクト研究報告書——認知症高齢者・家族への地域での対応・支援策に関する調査研究
2011年度　大学院プロジェクト研究報告書——医療ソーシャルワーカー（MSW）の職務意識に関する調査研究

　そして、このたび、清水基金の資金を得てふたたび、5年間の限定期間ではあるが復活した。問題意識は、高木邦明教授が報告書の「あとがき」で書かれたことと同じである。
　この5年間のプロジェクトは以下のようなものである。
　以前のプロジェクト研究では、大学院所属教員が分担して担当していたが、今回は、教員の十分な参加を得ることができず、おおむね高橋の方でコーディ

ネートをせざるを得なかったのは残念であった。

表5　清水基金による大学院プロジェクト研究の軌跡

2017年度	長島町獅子島調査「過疎地域における地域包括ケアのあり方について」
指導教員	中山慎吾（研究科長）　高橋信行
参加院生	博士前期課程　隈崎伸弥　前田健吾　大薗昭博　坂上竜三
2018年度	「宇宿コミュニティ協議会アンケート基礎調査」の結果を中心とした研究
指導教員	高橋信行
参加院生	博士前期課程　高木ゆいか　前田健吾
2019年度	「佛子園フィールドワーク石川県社会福祉法人へのフィールドノーツをもとにした研究」
指導教員	千々岩弘一（研究科長）高橋信行
参加院生	博士前期課程　吉留康洋　前田健吾　大薗昭博　唐玉　　石山晴香　中森美恵子　ファンヒョンムク　竹下順造
2020年度	三島村住民調査「地域福祉についての三島村アンケート調査」
指導教員	高橋信行
参加院生	博士前期課程　唐玉　吉留康洋　徐イーホウア　宮下冬未
2021年度	「奄美市住民調査」
指導教員	高橋信行
参加院生	博士前期課程　福永康孝　溝内義剛　　博士後期課程　野中弘美

（文責：高橋信行）

写真1　長島町獅子島調査　院生、学部生とともに

写真2　佛子園　シェア金沢にて　院生とともに

編集を終えて

　当初5年間の予定で2017年度に始められた「清水基金プロジェクト研究」は、1年延長し、最終的に2022年度に研究を終了した。そして、2023年度はこの論集の作成にあてた。この7年の間に鹿児島国際大学の研究者に対して研究費等の資金を提供した。

　研究テーマの大枠は、当初、「地域社会と地域振興に関する実証的研究（過疎・離島を含む）」「現代社会における福祉課題についての研究」「社会学的な集団論や家族論および地域社会論または清水盛光氏の著作に関連した研究」としたが、鹿児島国際大学が現在、経済学部、福祉社会学部、国際文化学部、看護学部の4学部を有するということからも、テーマ設定については多様なテーマを可能としていた。また、研究は当初から鹿児島国際大学だけでなく、清水理論にも造詣の深い京都女子大学の竹安栄子学長にも加わっていただいた。

　鹿児島国際大学附置地域総合研究所の所管のもと、研究は3期（1期2年間）にわたって企画され、研究募集が行われた。このプロジェクトでは、延べ22の研究が行われている。研究者以外に、福祉職能団体が研究に加わったものも複数あった。

　そのほか、最初の5年間は、福祉社会学研究科大学院生に対する研究補助と大学院プロジェクト研究を行ってきた。大学院プロジェクトでは、毎年研究報告書を作成している。

　そして、この論集は研究全体の一部ではあるが、研究プロジェクトの成果報告の一つとして企画した。

　清水基金プロジェクト研究は、私の大学院時代の恩師にあたる清水盛光先生とご子息の清水韶光先生からの寄付を資金としてたちあげられたものである。そして運用は、家續子氏と高橋信行が行うこととなった。

　「編集を終えて」の最後に、ここでは清水盛光先生とのかかわりについて言及しておきたいと思う。清水盛光先生とは、私が1977年駒澤大学人文科学研究科博士前期課程に入学したときから後期課程を入れて5年間、ご指導をいただいた。この年、清水先生も駒澤大学に赴任され、学部と大学院の両方の講義や演習を担当されている。

　清水先生のことをある社会学者は、古典現象学派と呼んでいた。特に清水先生は現象学派という意識はもっておられなかったが、リットやシェーラーといった社会学者の研究に触れられることがしばしばあった。

　清水先生の主著の一つは、『集団の一般理論』であるが、グループ・ダイナミクスや小集団論の視点というよりは、社会やコミュニティの在り方からの問いかけであり、共同意識等、確かに古典派現象学派といわれる人たちとの近似性はあったと思われる。ほかにも家族の研究では大きな足跡を残された。今回プロジェクト研究を進めるなかで、社会学者の福武直氏との共同体をめぐる論争についてもあらたに知見を得た。自分には無条件的と見られる一方的援助にも、実は交換性の原理が作用しているとする清水先生のお話にあらためて感心した。また地理学の世界でも清水先生の論説が大きな影響を残していることを本学の森勝彦教授（中国研究）から承ったのも新しい発見であった。

　すでに、研究が社会福祉分野にシフトしていた自分自身として、清水先生の社会学について再び探求していくことはハードルの高い課題であったが、あらためて社会学を学んだ者としての「内なる社会学」を意識しないわけにはいかなくなった。

　福祉分野の研究が公共的な施策に流される傾向があるところに、あらためて批判精神や客観的に物事をみる視点をよみがえらせていただいた気がしている。その意味では、自分自身はいつまでも社会学徒といえるのかもしれない。

2024年2月29日
高橋信行

執筆者一覧（執筆順、肩書は執筆時）

大西　智和　　　鹿児島国際大学附置地域総合研究所　所長

竹安　栄子　　　京都女子大学　学長

馬頭　忠治　　　鹿児島国際大学　名誉教授

武田　篤志　　　鹿児島国際大学経済学部経営学科　准教授

高橋　信行　　　鹿児島国際大学福祉社会学部社会福祉学科　教授

森　　勝彦　　　鹿児島国際大学国際文化学部国際文化学科　教授

松尾　弘徳　　　鹿児島国際大学国際文化学部国際文化学科　准教授

■編者について

鹿児島国際大学附置地域総合研究所

1968年、鹿児島経済大学附属地域経済研究所として発足。その後改組・名称変更を経て現在に至る。南九州〜奄美・沖縄を中心とした地域志向研究として多様な調査および研究を進め、学内の研究・教育の向上を図るとともに地域社会の発展に貢献することを目的として活動を続けている。「清水基金プロジェクト」では、社会学者・故清水盛光氏よりご長男である故清水韶光氏の遺言書に基づき遺贈された寄附金を活かして2017〜2023年度に寄附研究を実施した。地域の発展に寄与することを目的として、地域文化や地域振興、地域福祉に関する多様な研究を展開したなかから6編を選び、本書に収録。

地域探究の視角
清水基金プロジェクト最終報告論集

2024年4月11日　第1刷発行

編　者	鹿児島国際大学附置地域総合研究所
発行者	川畑善博
発行所	株式会社 ラグーナ出版
	〒892-0847 鹿児島市西千石町3-26-3F 電話 099-219-9750 FAX 099-219-9701 e-mail　info@lagunapublishing.co.jp
印刷・製本	シナノ書籍印刷株式会社

ISBN978-4-910372-31-0 C3036
© 鹿児島国際大学附置地域総合研究所 2024, Printed in Japan